AT.PALIMPSESTE 1991

LE PAYS
DES
AMOURS

PAR

MAXIMILIEN PERRIN

auteur de

Mademoiselle de la Rigolboche, les Coureurs d'Amourettes, un Ami de ma Femme, les Folies de Jeunesse, la Fille du Gondolier, l'Amour à la Campagne, la Belle de Nuit, la Famille du Mauvais Sujet, le Trouble ménage, le Débardeur, Cœur de Lièvre, François les Bas bleus, l'Autel et le Théâtre.

(Entièrement inédit.)

IV

PARIS
L. DE POTTER, LIBRAIRE-EDITEUR
RUE FONTAINE MOLIÈRE, 27.

LE
PAYS DES AMOURS

LES MARIONNETTES DU DIABLE
PAR XAVIER DE MONTÉPIN

LA JEUNESSE DU ROI HENRI
ROMAN HISTORIQUE
PAR LE VICOMTE PONSON DU TERRAIL

UNE FEMME A TROIS VISAGES
PAR CH. PAUL DE KOCK

LE ROI DES GUEUX
PAR PAUL FÉVAL

LES ÉMIGRANTS
PAR ÉLIE BERTHET

LES PRINCES DE MAQUENOISE
PAR H. DE SAINT-GEORGES

LE PAYS
DES
AMOURS

PAR

MAXIMILIEN PERRIN

auteur de

Mademoiselle de la Rigolboche, les Coureurs d'Amourettes, un Ami de ma Femme, les Folies de Jeunesse, la Fille du Gondolier, l'Amour à la Campagne, la Belle de Nuit, la Famille du Mauvais Sujet, le Trouble ménage, le Débardeur, Cœur de Lièvre, Françoise les Bas bleus, l'Autel et le Théâtre.

(Entièrement inédit.)

IV

PARIS

L. DE POTTER, LIBRAIRE-EDITEUR

RUE FONTAINE MOLIÈRE, 27

Droits de traduction et de reproduction réservés.

1860

LES
PRINCES DE MAQUENOISE

PAR

H. DE SAINT-GEORGES

auteur de l'*Espion du grand monde*, un *Mariage de prince*, et des œuvres dramatiques suivantes : les *Mousquetaires de la Reine*, le *Val d'Andorre*, la *Reine de Chypre*, la *Fille du régiment*, etc., etc.

Les *Princes de Maquenoise* ont produit une grande impression à leur apparition.

Cette impression est due non-seulement au mérite de ce livre et au nom de l'auteur, mais à ce qu'on y retrouve les brillantes qualités des meilleures productions de M. de Balzac.

Originalité puissante du sujet, observation merveilleuse du cœur humain et de la vie sociale, de la vie de Paris, surtout ; cette tendre et religieuse philosophie de l'âme qui touche parfois aux idées les plus élevées, et explique la popularité si générale, si européenne des romans de Balzac, voilà ce qui existe à un degré très-éminent dans les *Princes de Maquenoise*.

Quant à la partie théâtrale et saisissante du drame, on peut s'en rapporter à M. de Saint-Georges, l'auteur de tant d'ouvrages dramatiques qui depuis quinze années font la fortune de tous les théâtres de notre capitale et des pays étrangers.

Un auteur d'une grande valeur, Mme Ch..... R......, disait en achevant un livre de M. de Saint-Georges : Quand on termine un de ses chapitres on croit toujours voir baisser la toile.

C'est à la fois un grand éloge et une vérité.

MORTE ET VIVANTE

PAR

HENRY DE KOCK

Voici un nouveau roman d'Henry de Kock, dans lequel l'auteur de *Brin d'amour* de *Minette*, du *Médecin des voleurs* a déployé des qualités qui font décidément de lui un des écrivains avec lesquels il faut compter. *Morte et Vivante*, est un livre d'un haut enseignement moral en même temps qu'un livre de style et d'imagination. Un intérêt soutenu jusqu'aux dernières lignes, des caractères vrais, des détails d'une observation saisissante, telles sont encore les qualités de cet ouvrage que tout le monde voudra je ne dis pas seulement lire, mais encore relire, en lui donnant une des plus belles places dans sa bibliothèque.

Paris. — Imprimerie de P.-A. BOURDIER et Cⁱᵉ, 30, rue Mazarine.

CHAPITRE PREMIER.

I.

L'ordre et la propreté régnaient dans ce modeste réduit qu'égayait un beau soleil à travers les vitres d'une fenêtre ayant vue sur de vastes jardins.

Ce fut dans cette chambre que son propriétaire installa Madeleine qui, à peine y eut-elle mis les pieds qu'elle se laissa tomber sur une chaise où elle fondit en larmes, où une fièvre dévorante tarda peu à s'emparer de sa personne et à lui occasionner un frisson douloureux.

— Madeleine, vous paraissez souffrante, ce que m'annonce ce violent tremblement qui agite tous vos membres ?

— En effet, Eloi, je souffre, je brûle ! répondit Madeleine.

— Il faut vous coucher, vous reposer et surtout calmer votre esprit alarmé par le dernier incident qui vient de nous frapper... Je vais appeler ma voisine, vieille et pauvre ouvrière, mais une obligeante et sainte femme, qui ne va pas demander mieux que de vous tenir lieu de femme de chambre, puisque ma qualité d'homme m'empêche de vous rendre ce petit service.

— Non, Éloi, restons seuls, peut-être ce malaise va-t-il se dissiper ; je veux écrire au marquis, afin de l'informer de ce qui vient de m'arriver, ami, donnez-moi ce qu'il faut pour écrire.

— Voilà, fit Éloi en déposant vivement sur une petite table, encre, papier et plumes.

C'est en vain que Madeleine essaie de tracer quelques lignes, sa main agitée par la fièvre se refuse à ce travail, alors, désespérée elle jette la plume en s'écriant :

— Impossible ! impossible !

— Eh bien ! c'est moi qui lui écrirai, Madeleine, mais lorsque vous vous serez couchée, car vous ne pouvez rester ainsi.

Cela dit, Éloi sort de la chambre pour y rentrer un instant après accompagné de sa vieille voisine, femme à l'air digne et respectable, qui d'un accent plein de douceur s'empressa d'offrir ses services à Madeleine qui les accepta en lui tendant une main brûlante.

— Voisin, allez attendre chez moi, dit la voisine à Éloi, lequel lorsqu'il obtint la permission de rentrer chez lui, trouva Madeleine couchée.

— Voisin, il faut prévenir un médecin, car je crains fort que le malaise que ressent cette jeune dame ne soit le précurseur d'une sérieuse maladie, dit tout bas la voisine à l'oreille du jeune homme, lequel ne se fit pas répéter deux fois cette invitation pour descendre quatre à quatre les marches de l'escalier et courir frapper à la porte du docteur le plus en réputation dans le quartier, lequel docteur il amena vivement au chevet de Madeleine après l'avoir prévenu d'avance qu'il serait généreusement indemnisé de ses soins et de ses conseils, en dépit de la chétive apparence du réduit où gisait la malade.

— Je ne puis encore prononcer sur

l'état de cette jeune dame, mais j'appréhende pour elle une longue et douloureuse maladie qui exigera les soins les plus grands comme les plus attentifs, dit l'homme de l'art après avoir attentivement observé les symptômes du mal.

— Fatalité ! fatalité ! murmura Éloi, puis reprenant tout haut : que la volonté de Dieu s'accomplisse, monsieur; quant aux soins et au dévouement, soyez persuadé que ni les uns ni les autres ne lui manqueront pour seconder votre science et vos efforts.

Dans la soirée de cette même journée Eloi veillant en compagnie de la voisine au chevet de Madeleine, écrivait une longue lettre adressée au marquis de Vardes.

Le lendemain, notre jeune perruquier voyant sa malade assoupie, et après l'avoir fortement recommandée à la voisine, s'échappait de chez lui pour se rendre directement à Versailles et s'y présenter hardiment chez le comte de Charly, auprès duquel, après lui avoir fait passer son nom, il fut aussitôt admis.

— Vous à Versailles, mon jeune ami? quel heureux hasard vous y amène? sans doute une mission dont notre chère Madeleine vous aura chargée pour moi? dit le comte en recevant Éloi le sourire sur les lèvres.

— Monseigneur, je viens à vous de

ma propre volonté et chargé de fâcheuses nouvelles.

— Qu'est-ce donc ? qu'est-il arrivé ? s'écria le comte d'un air fort alarmé et tout en fixant sur le jeune homme un regard inquiet.

— Monseigneur, excusez ma témérité, mais c'est en faveur de Madeleine que je vous demande l'autorisation de vous adresser quelques questions avant de vous instruire de ce qui vient de se passer.

— Faites, et surtout hâtez-vous, mon ami, car vous me remplissez de crainte, répondit vivement le comte.

— Monseigneur, avez-vous sincèrement pardonné à Madeleine le sentiment que sa beauté a inspiré à monsieur votre neveu ?

— Entièrement, fit le comte.

— Avez-vous entièrement renoncé à votre projet de l'enfermer dans un couvent ?

— Certes, et jamais pareille pensée

ne me serait entré dans la tête si j'avais connu Madeleine comme je la connais aujourd'hui.

— Alors, monseigneur, si ce n'est vous, qui donc a donné l'ordre d'arrêter la pauvre fille ? qui donc, hier, a envoyé les exempts de la police pour l'arrêter au nom du roi ?

— Que m'apprenez-vous là, Éloi ? Madeleine a été arrêtée ? Sambleu ! malheur à l'auteur de cette audacieuse insolence ! s'écria le vieux comte en marchant à grands pas dans la chambre et en manifestant les signes de la plus violente colère.

— Madeleine, monseigneur, n'a point été arrêtée, grâce au dévouement de Madelon qui, à son insu, s'est fait passer pour elle et s'est livrée à sa place.

— L'excellente fille !... Mais Madeleine, où est-elle? s'empressa de demander le comte.

— Madeleine, horriblement effrayée, et ne voyant dans le nouveau malheur qui venait la frapper qu'un retour de votre ancienne rancune, s'est enfuie désespérée de chez elle, afin de se soustraire aux effets de votre colère.

— Quoi! Madeleine me craint encore? Elle a pu me soupçonner de perfidie, de vouloir attenter à sa liberté? Éloi, au nom du ciel! dites-moi ce qu'elle est devenue, où elle est allée se cacher, afin que je puisse courir la rassurer et lui dire combien elle m'est chère et précieuse.

—Monseigneur, je ne puis encore vous satisfaire, car, en partant, Madeleine ne m'a pas révélé le lieu où elle se rendait; mais elle m'a promis de m'en instruire, par écrit, aussitôt qu'elle serait en sûreté.

—Aussitôt que vous aurez reçu sa lettre, Éloi, hâtez-vous de venir m'en instruire, et nous courrons ensemble la rassurer. Quant à Madelon, comptez sur moi pour vous la rendre aujourd'hui même; et c'est pour travailler à sa délivrance que vous allez m'accompagner à l'instant même dans la visite que je vais faire à monsieur le lieutenant de police.

— Très-volontiers, monseigneur! répondit le jeune homme, pensant que cette démarche et ce qui devait s'en suivre allait sans nul doute l'éclairer sur la sincérité du comte, que déjà il soupçonnait innocent, mais auquel il avait cru devoir faire mystère de la nouvelle demeure de Madeleine jusqu'à ce qu'il se fût entièrement assuré de sa non-participation au nouveau coup qui venait de frapper la jeune fille.

Le comte sonna ses gens, demanda son carrosse dans lequel il fit monter et placer Éloi à côté de lui, puis ordonna de rouler vers Paris avec toute la rapidité possible.

Ce fut dans la cour de l'hôtel du lieutenant de police que fut s'arrêter le comte, où il demanda audience à ce magistrat, qui s'empressa de le recevoir avec tout le respect et la considération dus à un homme puissant et bien en cour.

— A quel heureux hasard suis-je redevable de l'honorable visite de monsieur le comte de Charly? s'empressa de s'informer le magistrat, en accompagnant ces mots de grandes salutations.

— Mon cher lieutenant, hier, et de par votre ordre, vos agents ont arrêté, dans une maison de la rue de la

Cerisaie, une jeune fille appelée Madeleine Lambert; en son absence, ils ont emmené à sa place la nommée Madelon Joliot, son amie. Je désire, monsieur le lieutenant, connaître la raison qui a nécessité de la part de votre sage et utile administration cette rigueur à l'égard de Madeleine, jeune fille innocente, d'une vertu exemplaire, et, de plus, la protégée du roi, dont elle est la pensionnaire?

— Monsieur le comte me permettra

de lui dire que, jusqu'alors, je n'ai eu connaissance ni de cette arrestation ni de la cause qui l'a motivée ; mais, à l'instant même, nous allons être renseignés.

En disant ainsi, le magistrat agitait une sonnette, puis donna à l'huissier qui se présenta un papier sur lequel il venait de tracer quelques mots, en lui disant :

— Qu'on se hâte !

Nous ne devons pas oublier de dire

que notre ami Éloi, d'après la volonté du comte, assistait silencieusement à cette séance, timidement assis sur le bord d'un fauteuil placé à quelque distance des deux grands personnages, dont il écoutait attentivement l'entretien.

Après que plusieurs minutes se furent écoulées, parut dans le cabinet un maigre, grand et grave personnage tout vêtu de noir qui, d'un air humble et empressé, et sur l'ordre du lieutenant de police, ouvrit un registre qu'il apportait avec lui, et dans lequel il lut ces mots :

« Ordre d'arrêter et d'incarcérer, à la prison du Châtelet, la fille Madeleine Lambert, dénoncée par haute et puissante demoiselle Hélène de Bracieux, en qualité de fille de mauvaises mœurs, et comme ayant traîtreusement, et dans un bois, attenté à la vie de monsieur le vicomte Gontrand de Bracieux, en le frappant à la tête et au visage avec une pierre qu'elle avait ramassée sur la route en l'intention de s'en faire une arme.

» Ledit mandat ayant été mis à exécution, la fille Madeleine Lambert a été et est ce jour écrouée à la prison du Châtelet, en attendant qu'il plaise à la justice de la faire comparaître pardevant le tribunal chargé de la juger et de la condamner s'il y a lieu.

» La fille Mad... »

—Assez, monsieur! fit le comte avec colère, en interrompant le lecteur.

Monsieur, reprit-il en s'adressant au lieutenant de police, vous voyez en moi un homme outré de la manière odieuse dont on abuse de votre religion, de votre confiance! Cette accusation, je le déclare et l'affirme, est l'œuvre d'une ennemie, et je vais vous en faire juge à l'instant même en vous apprenant ce qu'est Madeleine Lambert et les indignes persécutions dont cette fille honnête n'a cessé d'être la victime de la part du vicomte Bracieux et d'Hélène de Bracieux, la fille éhontée, exerçant aujourd'hui dans Paris le métier de courtisane.... Écoutez, monsieur, écoutez.

Le comte, toujours sous l'influence d'une vive indignation, et secondé par Éloi, qu'il interrogeait de la voix et du regard, raconta toute la vie et les malheurs de Madeleine, puis termina en appelant toute la sévérité des lois sur la tête du vicomte de Bracieux, comme assassin de Pierre Lambert.

— Monsieur le comte, je vais donner l'ordre de cesser les poursuites contre Madeleine Lambert, et que la fille généreuse qui s'est dévouée pour son amie soit mise à l'instant même en liberté. Quant au vicomte de Bracieux ainsi que sa sœur, qu'exigez-vous à leur égard? demanda le magistrat.

— La justice! et que le meurtrier reçoive le châtiment dû à son crime...

Monsieur, vous voudrez donc faire mettre au plus vite à exécution, contre le frère et la sœur, ces deux lettres de cachet signées de la main même du roi! dit le comte en présentant au magistrat deux lettres portant le sceau royal.

—Le roi sera obéi aujourd'hui même, monsieur le comte, si les recherches que je vais faire faire de ces deux personnages réussissent ainsi que j'en ai l'espoir.

—Pardonnez-moi, messieurs, si je me

permets de prendre la parole, ce n'est que pour vous assurer que monsieur de Bracieux ainsi que sa sœur sont en ce moment Paris, où je les rencontre assez fréquemment, dit Éloi.

— Pourriez-vous, mon ami, nous indiquer le quartier qu'habitent ces gens ? demanda le lieutenant de police.

— Ce doit être le quartier Saint-Honoré, mais je ne puis préciser, répondit le jeune homme.

— Monsieur, veuillez être assez bienveillant pour me charger de la délivrance de la généreuse Madelon que je désire aller moi-même chercher au Châtelet, dit le comte.

— Je n'ai rien à vous refuser, monsieur, et surtout lorsqu'il s'agit d'un acte de toute justice, répondit le lieutenant, tout en écrivant, pour remettre ensuite au comte l'ordre qu'il venait de tracer.

Un instant plus tard, après avoir pris congé du magistrat, le comte ainsi qu'Éloi roulaient vers le Châtelet, où, sur l'ordre qu'ils présentèrent, Madelon, toujours souriante, leur fut remise à l'instant même.

Madelon, auprès de qui le comte s'empressa de se justifier de l'action indigne dont elle ainsi que Madeleine l'avaient soupçonné, puis ensuite s'adressant à Éloi :

— Éloi, dit-il, me direz-vous maintenant où est notre jeune amie ?

— Chez moi, rue de la Harpe, où je

j'ai cachée et laissée souffrante, alitée, sous la garde d'une bonne femme.

— Madeleine malade! hélas! s'écria Madelon avec douleur.

L'ordre fut aussitôt donné de rouler vers la rue de la Harpe, où nos trois personnages furent étrangement et douloureusement surpris en n'y trouvant pas Madeleine.

Éloi, fort effrayé, s'empressa d'aller frapper à la porte de sa voisine, laquelle lui ouvrit aussitôt et le regarda d'un air tout étonné, en lui disant :

— Quoi ! vous n'êtes plus en prison ? Ils vous ont donc enfin lâché, mon bon voisin ? Ah ! tant mieux, car vous êtes un bon jeune homme.

— Je ne sais ce que vous voulez dire ; où est Madeleine, notre chère malade, que je vous ai confiée ? s'écria le jeune homme.

— Mais ils l'ont emmenée.

— Qui ?

— Les hommes noirs qui sont venus pour l'arrêter, et, comme elle ne pouvait marcher tant elle était faible et tremblait la fièvre, ils ont emporté la pauvre enfant dans leurs bras.

— Sambleu ! voilà qui est étrange ! fit le comte.

— Monseigneur, il y a encore là-dessous du Bracieux, croyez-moi, dit Madelon toute en larmes.

— Quant à moi, je n'y comprends rien ! comment ces gens ont-ils su qu'elle était ici? fit à son tour Éloi.

— Ah monseigneur ! sauvez-la ! dit Madelon les mains jointes.

Le comte s'empressa d'interroger la vieille voisine, qui lui apprit que, à peine une heure s'était écoulée après qu'Éloi eut quitté le chevet de Madeleine, trois hommes s'étaient introduits dans la chambre, et que celui qui paraissait être leur chef l'avait sommée, au nom de la loi, de leur remettre Madeleine et que sur sa représentation que la pauvre fille était en l'impossibilité de la suivre, il l'avaient arrachée sans pitié du lit où la fièvre la dévorait pour l'emporter, enveloppée dans une couverture et aller la déposer dans une voiture qui s'était aussitôt éloignée.

Le comte se fit dépeindre la figure et la tournure de ces personnages, parmi lesquels Éloi crut reconnaître le vicomte de Bracieux au portrait que venait de faire la voisine du chef de la bande.

Lecomte, qui avait écouté attentivement la remarque d'Éloi, annonça aux deux jeunes gens qu'il les quittait pour retourner auprès du lieutenant de police afin de l'instruire de ce nouvel incident et de l'engager à presser les recherches nécessaires pour retrouver Madeleine ainsi que l'arrestation du frère et de la sœur, puis, il engagea Madelon à retourner à la maison de la rue de la Cerisaie et là d'y attendre les nouvelles qu'il ne pouvait tarder de lui faire parvenir.

CHAPITRE DEUXIEME.

II

Sachons maintenant comment il se fait que Madeleine, qu'Éloi avait cachée chez lui, qu'il croyait avoir soustraite à tous les yeux et mise momentanément à l'abri du danger, leur avait été ravie de nouveau. C'est que notre jeune homme en fuyant avec Madeleine de la maison de la rue de la Cerisaie, aussitôt après le départ des agents qui étaient venus pour arrêter la jeune fille et avaient emmené Madelon à sa place, Éloi, donc, n'avait pas remarqué que, de l'intérieur d'un fiacre arrêté dans la rue et à quelque distance, deux personnages observaient attentivement tout ce qui entrait et sortait de la maison, que ces observateurs n'étaient autres que le vicomte de Bracieux et sa sœur Hélène, qui, curieux d'assiter à l'arrestation de Madeleine, s'étaient fait conduire à sa demeure en l'espoir de se réjouir des larmes et des plaintes de leur victime et avaient été fort étonnés en voyant les agents emmener une autre fille à la place de Madeleine.

Hélène, furieuse de cette méprise, avait voulu s'élancer hors de la voiture afin de prévenir lesdits agents de l'erreur qu'ils commettaient, mais son frère s'était empressé de la retenir en lui faisant observer qu'il était prudent qu'elle et lui ne parussent point en cette circonstance et qu'ils laissassent agir seule la police, puisque deux lignes adressées au lieutenant de police devaient suffire pour réparer la maladresse des agents et s'assurer de la personne de Madeleine.

Hélène, d'un avis contraire, parce qu'elle craignait de voir échapper sa victime, discutait vivement avec son frère, lorsqu'elle aperçut Éloi et Madeleine qui s'enfuyaient de la maison.

— Voyez! avais-je raison? La voilà qui part, qui nous échappe! s'était-elle écriée furieuse.

— Eh bien! laissons cette fille s'éloigner et suivons-la, avait répondu Gontrand en riant, pour aussitôt ordonner au cocher de suivre les deux fugitifs, et surtout de ne pas les perdre de vue.

Ce fut ainsi que le nouveau refuge de

Madeleine fut révélé à ses deux ennemis et que, le lendemain, le vicomte de Bracieux, agissant à l'insu de sa sœur, et voulant s'emparer de Madeleine, après s'être assuré de l'absence d'Éloi, se présentait dans la chambre de ce dernier accompagné de deux complices et que, sous le titre supposé d'exempts et agissant au nom du roi, il avait arrêté et emporté la pauvre Madeleine, en dépit des prières et des efforts de la vieille voisine, pour s'opposer à cette acte inhumain.

Aussitôt que sa proie fut en sa puissance Gontrand, après s'être placé à ses côtés dans la voiture, avait donné l'ordre de fouetter les chevaux pour se rendre au village de Montmartre, où il possédait, en location, une petite maison isolée située sur le versant nord de la butte dans laquelle il comptait cacher sa victime.

— Sambleu! n'aurais-je qu'un cadavre en ma possession? se demandait le vicomte tout en contemplant Madeleine, qui, pâle comme un lys, sans respiration, et les yeux fermés, restait froide et immobile dans ses bras. Ce serait en vérité dommage, d'autant mieux que cette fois elle est bien et dûment en ma puissance et que rien ne peut plus me la ravir... Bah! des soins, du repos et dans quelques jours l'amour me la rendra plus belle et plus adorable que jamais.

La voiture ayant atteint son but, ce fut aidé du cocher que Gontrand transporta Madeleine dans l'intérieur de la maison, où il la déposa sur un lit.

Quelques instants plus tard une vieille paysanne, femme du jardinier-concierge de la maison, s'installait de par ordre du vicomte au chevet de la malade.

— Mère Gertrude, veillez bien sur cette jeune fille et surtout à ce que personne n'en approche et ne sache qu'elle est ici. Si vous voyez empirer son mal, envoyez votre mari chercher un médecin, auprès duquel vous la ferez passer pour votre nièce. Songez que vous me répondez d'elle, et que, de votre zèle, de votre adresse à exécuter mes ordres dépend la conservation de la place que vous et votre mari occupez dans cette maison.

La femme promit tout ce que le vicomte exigea, car elle et son mari étaient vieux et pauvres et la place dont de Bracieux menaçait de les priver était leur unique ressource.

Le vicomte, après avoir fait ses recommandations, crut pouvoir s'éloigner sans rien avoir à redouter concernant sa captive ; ce fut donc chez lui qu'il s'en retourna, où il trouva Hélène occupée à tracer une nouvelle dénonciation qu'elle comptait envoyer aussitôt au lieutenant de police, dénonciation où elle révélait au magistrat l'erreur commise par ses agents, tout en appuyant sur l'urgence de faire arrêter le plus tôt possible la meurtrière dont elle lui indiquait le nouveau refuge.

— Arrivez donc, Gontrand, dit-elle en apercevant son frère, je vous attendais pour fermer cette lettre après vous l'avoir soumise.

— Ma chère sœur, vous avez perdu votre temps à écrire, car j'ai changé d'avis et renoncé au projet de faire arrêter Madeleine que je confisque à mon profit après l'avoir enlevée moi-même de la demeure de l'homme chez lequel elle s'était réfugiée.

— Ainsi, vicomte, pour le plaisir de

satisfaire le sot caprice que vous a inspiré cette fille, vous avez résolu de m'interdire la satisfaction de me venger d'elle?

— Et quoi! ne serez-vous pas assez satisfaite lorsque vous apprendrez que Madeleine est devenue ma maîtresse et qu'elle est perdue pour le marquis, lequel n'aura plus pour elle qu'un profond mépris. Franchement, chère, n'est-ce pas là le meilleur moyen de nous venger tous deux et de sauver votre frère, que menace rien moins qu'une prison perpétuelle, sentence que personne ne s'avisera de contester, vu le peu de crédit dont nous jouissons à la cour, et à l'isolement où nous laissent les amis qui nous ont tourné les talons depuis qu'un maudit procès nous a ruiné de fond en comble.

— Et tout cela, grâce aux intrigues de cette Madeleine, qui nous a fait un ennemi de chacun.

— Allons ! pas de fausses accusations,

Hélène, nous sommes seuls et pouvons jouer cartes sur jeu; or, avouons donc que votre haine jalouse contre Madeleine et que, de mon côté, mes poursuites amoureuses et tant soit peu cavalières, ont à juste titre indisposé la pauvre enfant contre nous.

— Je vous le répète, vicomte, je veux pour elle l'infamie! s'écria Hélène.

— Ou l'acquittement, et pour nous une défaite honteuse, car, chère sœur, il ne faut pas nous dissimuler que Madeleine n'a agi contre moi qu'en légitime défense, qu'elle ne manquera pas de m'accuser de la mort de son père, et qu'elle a dans le comte de Charly un puissant protecteur, enfin qu'il se pourrait faire qu'en voulant perdre cette fille nous nous attirions tous deux une fort mauvaise affaire.

— Mauvaise, pour vous, c'est possible, grâce à vos nombreux méfaits, aux sottises que vous avez commises, mais moi, qu'ai-je à redouter de la sévérité des lois?

— Corbleu! de voir pendre le fils de notre mère, laquelle espérait exploiter le crédit de Madeleine en faveur de notre procès.

— Vous êtes fou, Gontrand, en pensant, ainsi que notre mère, que la protection d'une manante pouvait nous être de quelque utilité...

— Oui, telle est malheureusement

aujourd'hui ma ferme et triste conviction, reprit Gontrand.

— Ainsi, d'après les raisons toutes personnelles que vous venez de me faire entendre, me voilà privée du plaisir de me venger de cette odieuse Madeleine ? fit Hélène avec amertume.

— Que vous importe, si c'est moi qui me charge de la punir, d'être votre heureux vengeur.

— Puis-je au moins savoir où vous

avez été cacher cette future maîtresse?

— Non, Hélène, mais qu'il vous suffise de savoir qu'en ce moment la malheureuse fille est très-gravement indisposée, et que, avant d'exiger d'elle la moindre faveur amoureuse, il me faut attendre qu'elle se ressuscite.

— Puisse-t-elle ne guérir jamais! fit Hélène avec force.

Comme la jeune fille exprimait ce vœu charitable, la porte du salon dans lequel elle se trouvait avec son frère s'ouvrit brusquement et une escouade d'exempts apparut à ses yeux.

—Au nom du roi, vicomte Gontrand, et vous Hélène de Bracieux, je vous arrête ! fit le chef.

—Sambleu ! messieurs, vous me direz au moins pour quel méfait je suis victime de cette rigueur.

—Nous avons ordre de vous conduire tous deux à la geôle du Châtelet, mais non de répondre à vos questions.

— Sommes-nous donc des criminels, pour qu'on nous assigne une pareille prison ? demanda Hélène, devenue pâle et tremblante.

— Corbleu ! j'avais cru jusqu'alors que le Châtelet n'était réservé qu'aux manants et non aux gentilshommes, et comme cette erreur me donne un droit, j'en profite pour refuser de vous suivre, répondit insolemment le vicomte en portant la main sur la garde de son épée.

— Vicomte de Bracieux, n'oubliez pas que c'est au nom du roi, que je représente en ce moment, que je vous arrête. Or, laissez en paix votre arme, sous peine d'aggraver la faute qui vous mérite la sévérité du souverain.

—Cédons, mon frère, d'autant mieux que je soupçonne fortement qu'il y a erreur en tout ceci, et qu'il suffira d'un mot de notre bouche pour nous rendre libres, dit Hélène d'une voix émue

— Alors, partons, messieurs, car j'ai

hâte de me faire expliquer ce que peut avoir de commun la geôle du Châtelet avec des gens de notre qualité, fit le vicomte en prenant son chapeau, pour ensuite offrir son bras à sa sœur et suivre les exempts, qui les firent monter en voiture pour les mener au Châtelet, où, à leur grande surprise, ils furent séparés l'un de l'autre, en dépit de leurs réclamations, de la grande colère de Gontrand, et enfermés chacun dans une cellule obscure.

Ce ne fut que le troisième jour que le vicomte, que commençait à inquiéter fort la détention sévère à laquelle il était soumis, entendit ouvrir la porte de sa prison, et que le comte de Charly s'offrit à ses yeux.

— Vous ! monsieur le comte ? En vérité, j'étais loin de m'attendre à l'honneur de votre visite.

Venez-vous m'apprendre le motif de la détention humiliante qu'on ose infliger à un homme de mon rang ?

dit Gontrand après s'être levé de son siége pour saluer le seigneur.

— Êtes-vous donc désireux de le connaître, monsieur le vicomte ?

— Très-désireux.

— Alors, je vous dirai que vous êtes détenu ici sous la grave accusation d'un assassinat dont la justice va vous demander un compte sévère.

— Un assassinat! fit Gontrand en pâlissant.

— Sur la personne d'un nommé Lambert, que vous avez tué traîtreusement d'un coup de fusil; il est vrai que c'était au marquis, mon neveu, que vous adressiez la balle, qui a frappé ledit Lambert.

— Cela est faux, ce n'est pas moi qui ai tiré, fit le vicomte avec audace.

— N'ajoutez pas le mensonge à votre crime. Croyez-moi, ne cherchez pas à nier, ce serait inutile, car les deux valets qui vous accompagnaient au moment où vous commettiez cette lâcheté, ont tout avoué, et vous désignent comme étant l'assassin de Lambert.

Nierez-vous aussi ne point avoir blessé mon neveu dans les bois de Dampierre, en déchargeant sur lui un pistolet, au moment où il accourait pour secourir Madeleine Lambert, à laquelle vous imposiez la violence?

Gontrand, terrifié sous ces deux accusations, demeurait sans voix pour répondre, lorsque le comte reprit en ces termes :

Maintenant, monsieur, à votre tour de me répondre, en me disant ce que vous avez fait de Madeleine, et en quel lieu vous êtes allé la cacher, après l'avoir enlevée mourante du lit dans lequel elle reposait ?

— Je ne sais ce que vous voulez dire, monsieur, je n'ai point enlevé cette fille.

— Vous mentez, car votre sœur, que je viens d'interroger, m'a fait l'aveu de ce dernier crime de votre part, en m'affirmant que vous aviez refusé de lui indiquer le lieu où vous l'avez conduite.

— Ma sœur s'est trompée.

— Vicomte de Bracieux, il dépend de ma volonté de vous soustraire au châtiment que la loi vous prépare en qualité de meurtrier; réfléchissez alors combien il est de votre intérêt de mériter mon indulgence. Choisissez donc entre une peine infamante ou de la liberté dans l'exil, où votre sœur vous accompagnera.

A ce mot liberté! Gontrand releva la tête, puis, reprenant la parole :

— Quelle certitude, monsieur, me donnez-vous de cette liberté? dit-il.

— Ma parole de gentilhomme, répondit le comte; cela doit vous suffire, je pense?...

— Je m'en contente; mais sortirai-je aussitôt d'ici?

— Après que Madeleine m'aura été remise.

— Alors, envoyez-la donc chercher

à ma maison de la butte Montmartre, où, si elle existe encore, la femme que j'ai chargé de veiller sur elle vous la rendra.

— Mais dans quel endroit de la butte se trouve située votre maison.

— Au numéro 7, à l'angle du couvent.

—Il suffit; prenez patience, et demain vous quitterez cette prison, afin de vous rendre sans aucun retard au lieu qui vous sera imposé pour exil, fit le comte d'un ton sévère, pour se retirer ensuite.

— Allons, mes ennemis l'emportent. Partie perdue! fit Gontrand, resté seul, et en crispant les doigts.

Ce fut dans la rue de la Cerisaie que courut le comte de Charly, afin d'y prendre Madelon et de se rendre ensuite avec elle à la butte Montmartre, où ils trouvèrent sans peine la maison indiquée par le vicomte, et dans cette demeure, Madeleine étendue sur un lit, et dans un état de faiblesse extrême,

Madeleine qui fixa sur eux un regard inquiet et leur balbutia quelques mots inintelligibles.

— Pauvre Madeleine ! soupira Madelon en pleurant.

—Oh! espérez, mam'zelle, car le médecin que nous avons fait venir nous a dit qu'il répondait de la guérison de c'te demoiselle.

—Allez chercher ce médecin, ma brave dame, afin qu'il nous dise si nous pouvons sans danger emmener cette chère malade, dit le comte à la jardinière.

Ce ne fut qu'après une heure d'attente passée au chevet de Madeleine, que le comte et Madelon virent arriver l'homme de l'art, lequel annonça qu'il y aurait imprudence à déplacer la malade, à laquelle le repos le plus absolu et les soins les plus grands étaient de toute nécessité.

Le comte, se rendant à cet avis, envoya son carrosse à son hôtel, avec ordre de lui amener aussitôt deux chambrières munies de linge et d'effets, ainsi que deux valets de confiance, ces premières pour seconder Madelon dans les soins qu'elle allait prodiguer à Madeleine, et les derniers afin de veiller à la garde des deux amies dont il était contraint de se séparer jusqu'au lendemain et de laisser dans cette maison isolée.

CHAPITRE TROISIÈME.

III

Après deux mois, nous retrouvons Madeleine entièrement rétablie de la longue et douloureuse maladie qui l'a retenue durant six semaines sur un lit de souffrance. Madeleine, plus fraîche et plus jolie que jamais, fixée dans le riche hôtel du comte de Charly avec sa fidèle compagne et amie Madelon, laquelle à chaque instant du jour est à même de prêter l'oreille aux tendres discours de son prétendu Éloi, devenu un des hommes de confiance du comte chez lequel il a pris domicile.

Le mariage d'Éloi avec Madelon, approuvé par le comte, devait se célébrer sous quinze jours.

Madeleine, entourée de soins et d'égards par l'oncle de son amant, ne sait en vérité à quoi attribuer une pareille faveur de la part d'un homme qui fut jadis son plus grand ennemi.

Cependant, au sein du luxe et de l'abondance, notre jeune fille ne se sent pas parfaitement heureuse, car une secrète inquiétude lui torture le cœur.

Comment se fait-il que le comte, qui sans cesse lui prodigue les marques d'une profonde estime, et s'extasit sur les bonnes qualités qu'il se plaît à lui reconnaître, ne lui parle-t-il jamais de son neveu ? Pourquoi le marquis, dont elle se sait tendrement aimée, n'a-t-il pas répondu aux lettres qu'elle lui a écrites et adressées poste restante à Strasbourg, ainsi qu'il le lui a indiqué ? Enfin, pourquoi la sachant malade, en danger de mort, n'était-il pas accouru à son chevet ?

Tout cela, hélas ! ne pouvait être que le résultat de la volonté tyrannique du comte qui, par tous les moyens possibles, se plaisait à les séparer.

Mais alors, que pouvait donc être les intentions du vieux seigneur à leur endroit ?

Ainsi se demandait Madeleine, seule dans sa chambre et livrée à ses pensées, lorsqu'un valet entra pour lui annoncer l'arrivée du comte, lequel se présenta chez elle, après en avoir reçu l'autorisation, le visage gracieux et souriant.

— Je vous croyais retenu à Versailles pour plusieurs jours, monsieur le comte, et vous ne sauriez croire combien m'est agréable la surprise que me cause votre présence inattendue, fit Madeleine, qui s'était empressée d'accourir à la rencontre du comte.

— La joie que vous manifestez en me voyant, ma chère Madeleine, est d'un très-bon augure pour moi, et surtout concernant ce que j'ai à vous dire, car j'arrive tout exprès de Versailles pour causer sérieusement avec vous et vous ouvrir mon cœur tout entier, répliqua le seigneur en prenant la main de Madeleine pour la conduire sur un canapé, où il prit place à ses côtés.

— Parlez, monsieur, je suis entièrement à vous, car vous n'ignorez pas sans doute combien j'aime à vous entendre.

— Vous êtes un ange pour l'amabilité, ma belle Madeleine, car depuis que j'ai l'avantage de vous connaître et de vous entendre, je m'efforcerais en vain de me rappeler une parole échappée de vos lèvres, qui ne fût point une gracieuseté à mon endroit.

— Mon Dieu! comment se pourrait-il que mon langage ne fût pas celui de l'amitié et de la reconnaissance, lorsqu'il est dicté par mon cœur, et s'adresse au plus aimable comme au plus généreux des hommes, à mon bienfaiteur enfin? répondit la jeune fille.

— Madeleine, je n'ai point encore

assez fait, et il ne tient qu'à vous d'être la plus heureuse de toutes les femmes; mais, de votre part, il faut de la confiance, de la prudence et du secret.

— Expliquez-vous, de grâce, monsieur.

— Si j'étais moins persuadé que je ne le suis de votre vertu, ma chère amie, je ne me serais point décidé sur le point le plus important de ma vie : c'est donc avec une connaissance parfaite que je suis résolu à vous donner un rang et une fortune pour laquelle vous n'étiez point née et à laquelle vous ne deviez pas vous attendre; ce défaut de comparaison ne m'a jamais arrêté un instant.

Lorsqu'une origine est illustre et que les mœurs ne répondent pas à son éclat, elle ne sert qu'à rendre plus méprisable celui qui ne remplit pas les engagements auxquels sa naissance l'oblige, car, plus une personne est élevée, plus elle doit donner l'exemple de la sagesse.,

Voilà, Madeleine, la noblesse comme je l'entends, mais j'admire encore plus celui qui, ainsi que vous, sortie d'une classe commune, sait s'élever au niveau des grands, par la vertu, la probité et l'honneur.

Tout en écoutant ces paroles, le cœur de Madeleine s'ouvrait à l'espérance et au bonheur.

— Ayant trouvé en vous, Madeleine, reprit le comte, tous ces sentiments que j'honore, je n'ai pu les voir unis avec tant de charmes, sans désirer de leur accorder la récompense qu'ils méritent. Oh ! je sais qu'on ne pardonne pas aisément une mésaillance chez les personnes de notre rang; mais, en vous voyant si vertueuse, si modeste et si belle, je ne doute nullement de l'indulgence que vous inspirerez à chacun, et qu'on ne me pardonne aisément. Madeleine, c'est donc en cette persuasion qu'aujourd'hui je n'hésite plus à vous donner le titre de comtesse de Charly.

Madeleine, à ces derniers mots, sentit son cœur se briser, et loin de remercier le vieux comte de l'honneur qu'il croyait lui faire, elle demeura muette, étourdie et confuse.

Hélas! que pouvait-elle répondre, sans craindre d'offenser cet homme qui seul était l'arbitre de son sort, de son bonheur.

Refuser l'honneur qu'il voulait lui faire, que ne risquait-elle pas? à combien de peines devait-elle s'attendre, car, n'était-il pas présumable qu'après la démarche qu'il venait de faire, il ne se portât aux dernières extrémités pour satisfaire son amour ou pour se venger de la paysanne assez audacieuse pour oser refuser l'honneur de devenir sa femme et comtesse de Charly?

Voyant le comte qui, tout en attendant sa réponse, fixait sur elle un regard impatient :

— Vous me voyez interdite et confuse, monsieur, dit-elle enfin. Eh! qui ne le serait pas à ma place? Ai-je bien entendu? N'est-ce pas une illusion, et se peut-il qu'une simple fille des champs, qui n'a pour elle que la sagesse et quelques faibles attraits, devienne jamais la femme d'un seigneur tel que vous?

— Pourquoi douter, Madeleine? Ne vous ai-je pas dit, reprit le comte avec un air d'impatience, que la vertu l'emportait chez moi sur le bien et la naissance, et que c'était ce noble sentiment qui me décidait en votre faveur. Vous n'êtes pas la seule, ma douce amie, à qui de pareilles fortunes soient arrivées, et vous ne serez pas la dernière. De plus grands seigneurs que moi en ont fourni un exemple.

Madeleine ne savait plus que répondre, et le comte, qui sans doute prenait ce silence pour une adhésion, reprit la parole pour prévenir Madeleine que son intention était de dérober pendant un temps au public cette alliance projetée, laquelle s'accomplirait secrètement dans un château qu'il possédait en Bourgogne ; puis croyant flatter la pauvre fille, le vieux seigneur s'étendit longuement sur les projets de grandeur, de plaisir, d'ostentation, qu'il formait en faveur de sa jeune épouse, et Madeleine qui, absorbée dans sa douleur, ne l'entendait plus, dévorait ses soupirs en appelant de tous ses vœux le moment d'être seule pour donner un libre cours à sa douleur.

Le comte ayant porté son regard sur

la pendule se leva vivement en annonçant que son devoir l'appelant auprès du roi, il ne pouvait demeurer davantage.

— Ah chère et bien-aimée Madeleine, combien je vais souffrir durant les huit jours que je vais être contraint de passer loin de vous ! Mais en partant, faites que j'emporte l'espoir que vous penserez un peu à l'homme qui vous adore et ne sera uniquement occupé que de vous.

Madeleine s'empressa de répondre le

mieux qu'il lui fut possible à ces marques d'intérêt, et le comte, après lui avoir baisé la main, partit heureux et content.

A peine Madeleine se vit-elle seule, qu'elle s'empressa de faire appeler Madelon pour lui raconter tout ce qui venait de se dire et de se passer entre elle et le comte, afin d'aviser ensemble sur le parti qu'elle avait à prendre pour échapper à cet odieux mariage.

— Peste! encore amoureux à son âge

au point de vouloir épouser la maîtresse de son neveu! fit Madelon, eh bien, ma chère Madeleine, je ne vous ai jamais fait part de mes soupçons en la crainte de vous affliger, mais je me suis toujours douté que le comte en tenait pour vous. Les hommes ne sont jamais généreux envers les femmes sans avoir un but secret et intéressé... Oui, vous avez raison, il faut prendre un parti, et vivement encore, car rien n'est plus pressé qu'un vieil amoureux, et il faut vous méfier du délai qu'il vous accorde. Notre homme est capable, croyez-moi, de changer d'avis d'un moment à l'autre et de venir vous prendre pour courir vous épouser dans sa terre. Quand les gens d'un certain âge font tant que de s'égarer, ils portent les choses à l'excès.

— Hélas! chère Madelon, où fuir? à qui demander asile et protection? s'écria Madeleine en larmes.

—**Au château de Brias, où la bonne**

baronne vous recevra en vous tendant les bras.

— Oui, tu as raison, Madelon; c'est auprès de cette sainte et généreuse amie qu'il me faut courir.

— Certes! où le marquis à son retour de l'armée ira vous voir, où vous attendrez en paix le jour bienheureux qui vous permettra de devenir la marquise de Vardes.

— Ah! Madelon, que pensera de moi le comte en me sachant partie? de quelle fureur n'aura-t-il pas le droit d'être possédé, après tout ce qu'il a fait pour moi ? c'est alors que se voyant trompé, abandonné, son amitié se changera en haine et mépris.

— Préférez-vous rester et devenir sa femme ?...

— Ah ! Madelon, quand tu sais combien son neveu m'est cher, comment oses-tu élever un semblable doute ?

— Alors partons.

— Oui, mais combien il est pénible

d'abandonner ainsi les lieux où l'on croyait avoir rencontré la paix et le bonheur. Ah! que cette existence vagabonde me peine et me fatigue! soupira Madeleine.

— Madeleine, il faut écrire au comte et lui envoyer votre lettre lorsque nous partirons.

— Quoi, voudrais-tu me suivre, Madelon? abandonner Éloi auquel tu vas t'unir?

— Madeleine, pour te suivre, je

quitterais tout sans regret. D'ailleurs, qui empêchera Éloi de venir m'épouser où nous serons ?

— Mais ne crains-tu pas que le comte, l'enveloppant dans ma disgrâce, ne le prive de l'emploi qu'il occupe chez lui ?

— Cela pourra bien se faire, mais une place de perdue une autre de trouvée ; ensuite n'est-il pas aujourd'hui plus nécessaire que jamais d'exécuter le projet que nous méditons depuis quelque temps, celui d'envoyer Éloi trouver le marquis de Vardes afin de connaître la cause du silence obstiné qu'il garde envers toi et de l'instruire de ce qui vient de t'arriver?

— Et des lieux où je vais me réfugier afin d'échapper à l'amour de son oncle, ajouta Madeleine.

— Approuvé! Maintenant prends la plume et écris au comte.

Madeleine, docile aux conseils de son

amie, s'empressa en pleurant de tracer ces lignes :

« Monsieur le comte,

» Je serais la plus ingrate des créatu-
» res, si je m'éloignais de vous sans vous
» en faire part et sans vous en révéler
» la raison. Vous méritez d'être trop
» aimé pour que vous ne le soyez pas
» d'une femme envers laquelle vous en
» avez si bien usé. L'honneur de vous
» appartenir est trop grand pour n'être

» acheté que par le devoir et par la com-
» plaisance.

» Après un examen très-sérieux sur
» vos propositions, je ne me trouve pour
» vous, monsieur, que des sentiments
» de respect et de reconnaissance. Ce
» n'est pas assez, car vous méritez d'être
» aimé d'amour sincère, et je ne suis
» pas la maîtresse de commander à mon
» cœur. Ce malheur m'a semblé si con-
» sidérable, que me sentant incapable
» de faire votre bonheur et indigne de

» vous appartenir en qualité d'épouse,
» je prends le parti d'aller expier ce
» malheur dans une solitude éloignée,
» où j'aurai sans cesse présent à l'esprit
» le souvenir de vos bontés et les obli-
» gations dont je vous suis redevable.

» De grâce, monsieur le comte, ne
» me sachez pas mauvais gré du parti
» que je prends, il convient à ma pro-
» bité et aux sentiments de respect et
» d'estime qu'a su m'inspirer votre noble
» et généreuse conduite à mon égard.

» Je vous renouvelle donc, en termi-
» nant cette lettre, monsieur, les assu-
» rances de mon respect et de ma vive
» reconnaissance, et vais faire des vœux
» pour votre précieuse conservation. »

Cette lettre étant terminée, Madeleine s'empressa de la soumettre à Madelon qui en approuva tous les termes.

Deux jours plus tard, Madeleine et Madelon, qui s'étaient enfuies de l'hôtel du comte de Charly, roulaient en berline sur la route qui devait les mener à

Pontchartrain ainsi qu'au château de la baronne de Brias, tandis que de son côté, Éloi, soumis aux volontés des deux jeunes filles, après avoir renoncé, non sans quelques regrets, à l'excellente place qu'il occupait chez le comte, se dirigeait vers Strasbourg, en l'espoir d'y trouver le marquis de Vardes auprès duquel il était délégué par Madeleine.

CHAPITRE QUATRIÈME.

IV

Nos deux fugitives, qui avaient quitté Paris de très-grand matin, arrivèrent dans l'après-midi au château de Brias, que Madeleine ne revit pas sans éprouver un grand plaisir, car la chère fille n'avait point oublié que c'était dans ce lieu, d'où l'avait arraché le comte, qu'elle avait goûté les seuls instants de repos que le ciel lui eut accordé depuis qu'elle vait quitté son village.

S'étant fait annoncer à la baronne, Madeleine tarda peu de voir accourir son ancienne bienfaitrice, laquelle poussa un cri de joie en la recevant dans ses bras.

Les deux amies, heureuses de se revoir après une longue absence, se prodiguèrent mille caresses et félicitations.

Les premiers transports apaisés, Madeleine s'empressa de présenter Madelon à la baronne, comme étant son intime amie et l'ange tutélaire qui avait daigné la guider et veiller sur elle comme une sœur bien aimée.

Madame de Brias embrassa Madelon, en lui disant du ton le plus affectueux, qu'elle était la bienvenue chez elle où elle recevrait tous les soins, les égards et le respect dûs à une véritable amie.

— Enfin je vous revois donc, s'écriait Madeleine en pressant de nouveau la baronne sur son cœur. Ah! madame, je n'ai plus rien à redouter de la mauvaise fortune en étant auprès de vous. Croyez bien, tendre amie, que, malgré les traverses perpétuelles que j'ai essuyées depuis le jour cruel qui me sépara de vous, jamais votre doux souvenir ne s'est effacé de ma mémoire..

— Chère enfant! tu es toujours la même, bonne et reconnaissante! Madeleine, raconte-moi le nouvel événement qui t'a contraint de nouveau à te réfugier auprès de moi. Parle, chère fille, car mon cœur qui te chérit fera tout pour calmer ta douleur et te protéger contre le mal que les méchants voudraient te faire.

— Aujourd'hui, madame, ce n'est ni

les méchants ni leurs insultes qui m'ont forcée de fuir, mais bien l'amour et les immenses faveurs dont il veut me combler en dépit de mon cœur, fit Madeleine en souriant.

— Je ne te comprends pas, Madeleine, explique-moi.....

Notre jeune fille, placée à côté de la baronne, et ayant Madelon assise à ses pieds sur un petit tabouret, s'empressa de satisfaire la dame en lui racontant les diverses aventures qui lui étaient arrivées depuis leur séparation, et de révéler le fatal amour qu'elle avait eu le malheur d'inspirer à l'oncle de son amant, lequel ne voulait rien moins que l'épouser.

— Comment! le comte est amoureux de toi et ne veut rien moins que ravir à son neveu la maîtresse qu'il chérit! s'écria la baronne. Ah! je comprends ton chagrin, ton embarras, chère petite, et combien la passion que tu as inspirée à ce vieux fou de Charly doit porter obstacle à ton bonheur; et pourtant il ne faut pas encore désespérer, peut-être que le comte, que ta fuite doit éclairer sur l'état de ton cœur reviendra-t-il à de plus sages sentiments.

— Hélas! que peut-on attendre d'heureux de l'homme dont on blesse l'amour-propre, si ce n'est de la haine, soupira Madeleine.

— Le comte est un homme trop juste pour te garder rancune d'une action toute naturelle, car il doit savoir que l'amour s'inspire, mais qu'il ne se commande pas, et loin de te nuire dans son esprit, ton refus de devenir comtesse et millionnaire en l'épousant lui donne au contraire la preuve de ton noble désintéressement et que tu préfères rester pauvre et obscure plutôt que de le tromper en te donnant à lui sans l'aimer.

— Oh! vous raisonnez comme une personne noble et sage, madame, mais je me suis toujours laissé dire que rien n'était plus injuste ni entêté qu'un vieillard amoureux, dit Madelon.

— Hélas! ce n'est que trop vrai, mais en tout il y a exception, peut-être y en aura-t-il une en notre faveur, répliqua la baronne.

— L'entretien des trois amis se prolongea fort avant dans la journée; elles avaient tant à se dire! Puis vint l'après-midi, puis l'heure des visites, et comme le baron de Brias était depuis un mois en voyage, la noblesse des environs, la sachant seule dans son château, se plaisait à venir lui faire société. On était ce soir-là réuni au salon, lorsqu'à sa grande surprise, Madeleine entendit annoncer Larenaudie, son ancien prétendu, cet homme généreux tout laid qu'il était dont elle avait été sur le point de devenir la femme, lequel, en la reconnaissant, ne put retenir un cri de surprise et de joie.

— Vous! enfin, mademoiselle, vous qui nous revenez encore plus belle et plus ravissante! disait le financier en pressant amicalement les mains de Maleine. Oh! je ne vous en veux pas ! Madame la baronne m'a tout appris, et dans la douleur que m'inspira votre perte, je n'eus que le courage de vous plaindre sans avoir celui de cesser de vous aimer.

— Merci, monsieur, de votre extrême indulgence et veuillez croire que ce n'est pas sans un plaisir extrême que je revois aujourd'hui les personnes qui ont daigné me témoigner quelqu'intérêt, répondit Madeleine au financier du ton le plus gracieux et auquel elle présenta la gentille Madelon en qualité de son amie intime, Madelon, sur laquelle Larenaudie fixa un regard tout plein de bienveillance et se disant intérieurement :

— Fichtre ! joli morceau dont je serais gourmand en diable.

Dix jours s'étaient écoulés depuis que Madeleine habitait le château de Brias, depuis que Larenaudie, visiteur exact, qui s'était épris d'un tendre caprice pour Madelon, lui faisait une cour assidue, lorsqu'un matin retentit le bruit d'une chaise de poste qui entrait dans la cour du château et de laquelle s'élancèrent le marquis de Vardes ainsi qu'Éloi.

— C'est donc vous que je revois enfin ! s'écria Madeleine en tombant dans les bras de son amant, Madeleine, à qui cette vue si chère, cette présence inopinée ôtèrent la parole et qui faillit s'évanouir.

— Moi-même, chère adorée, qui revient à vous l'âme rempli de joie et de douleur, hélas! qu'ai-je appris? mon oncle ose vous aimer et vouloir vous ravir à mon amour en s'emparant de votre adorable personne, Madeleine, il ne nous manquait plus que ce coup affreux et imprévu pour combler la mesure de nos infortunes! s'écria le marquis de l'accent du désespoir après s'être retiré avec Madeleine dans un petit salon isolé.

— Ami, il faut nous armer de courage et attendre sans cesser de nous aimer, répliqua la jeune fille de l'accent de la plus profonde tristesse.

— Attendre, dites-vous Madeleine, lorsque mon cœur brûle d'amour et d'impatience d'être uni à vous pour toujours !

— Il faut nous résigner, mon ami, puisque la passion que j'ai été assez malheureuse pour inspirer à votre oncle devient un obstacle invincible à notre bonheur.

— Oh ! Madeleine que ne lui paraissiez vous moins belle ! ce malheur ne serait point arrivé ! Comment maintenant oser lui parler de vous, de mon amour, sans craindre de l'irriter ? avant qu'il ne vous aimât, il ne pouvait me reprocher que ce penchant prît selon lui trop légèrement; mais aujourd'hui, je suis son rival et l'enfant qu'il a élevé, qu'il aime comme s'il était son propre fils et à ce titre sacré il exigera que je vous oublie. Madeleine, prenez pitié de mon désespoir, dites ; à quel moyen recourir ? donnez-moi des conseils, car je suis si accablé que si vous m'abandonnez, vous perdez à jamais un homme qui vous adore plus que la vie.

— Hélas! que puis-je à toutes ces choses? comment forcer votre oncle à cesser de m'aimer, à donner son consentement à notre union ?

— Je connais un moyen, un seul qui

puisse assurer notre bonheur. Un mariage secret ! qui nous prêterait mutuellement des armes pour nous défendre, dit vivement le marquis.

— Qu'osez-vous me proposer, de Vardes ? Le bonheur de vous appartenir est trop précieux à mon cœur pour que je consente à l'entremêler de larmes et de remords et pour risquer qu'il me soit ravi un jour. Quelque chose qui puisse arriver, mon ami, je vous aimerai toujours et si je ne suis pas assez fortunée pour être à vous, j'aurai du moins la consolation de n'avoir point mérité mon malheur, et c'en est un grand pour un cœur comme le mien, fit Madeleine.

— Puisque vous l'exigez, Madeleine, je me résigne à souffrir, mais au nom du ciel, conservez-moi votre cœur jusqu'à ce qu'il plaise à mon cruel oncle de ne plus s'opposer à notre bonheur, ou que l'âge m'ait affranchi de sa domination, car devenu majeur, rien alors ne pourra mettre obstacle à ma volonté et vous deviendrez ma femme, Madeleine, en dépit même de celle du comte de Charly.

— Arrêtez, de Vardes, et gardez-vous de devenir jamais ingrat envers celui qui, guidé par la seule générosité de son cœur vous a élevé, aimé, servi de père, que la pauvre Madeleine languisse plutôt toute sa vie que de souffrir qu'un homme qui lui est cher se révolte contre la volonté de son bienfaiteur.

Croyez-moi, mon ami, gagnez cet oncle qui ne vous est cruel que parce qu'il s'oppose à vos désirs et méritez par mille complaisances et autant de marques de respect, qu'il condescende à vos vœux ; voilà les seuls moyens que j'approuve pour obliger ceux que nous devons honorer à satisfaire nos désirs.

— En vérité, Madeleine, vous me surprenez ; je me suis toujours attendu à des preuves de sagesse et de bon sens de votre part, mais je ne me serais jamais persuadé que la délicatesse du sentiment peut-être né à ce point avec vous ; si j'ai lieu de ne point les approuver, du moins dois-je avouer que vos conseils sont admirables d'honnêteté et de délicatesse. Plus vous vous montrerez digne d'une fortune éminente et plus vous nous rendez mon oncle et moi excusables. Si j'ai pu vous aimer, je ne dois pas trouver extraordinaire que le comte vous adore et qu'il travaille à se rendre possesseur d'un si riche trésor.

— Oh! ne me flattez pas ainsi, mon ami, car en agissant en tout avec loyauté, je ne fais que de suivre le penchant qu'il a plû à Dieu de placer dans mon cœur, répondit Madeleine avec modestie.

— Ange du ciel créé pour mon bonheur, espère, car aujourd'hui même je cours auprès de mon oncle lui peindre ta délicatesse, tomber à ses pieds et le supplier au nom de tout ce qu'il y a de plus saint au monde, de ne pas s'opposer plus longtemps à mes vœux. Madeleine, espérez, vous dis-je, car il ne pourra résister davantage à mes larmes comme à mes prières.

— Faites, mon ami, mais surtout gardez-vous de lui révéler ma retraite, reprit Madeleine.

Le marquis, après avoir passé la journée auprès de sa bien-aimée et de ses amis, encouragé par la baronne de Brias, partit le même soir pour Versailles, où il savait trouver le comte de service à ce moment auprès du roi en qualité de gentilhomme de la chambre.

Ce ne fut que le lendemain matin que le jeune homme put voir son oncle en particulier et recevoir ses félicitations sur son retour inattendu.

— Mon cher oncle, il n'a rien moins fallu que la nouvelle douloureuse que m'a apporté un messager pour m'engager à solliciter de mon colonel un congé de quelques jours afin de me rendre auprès de vous et entendre votre bouche me confirmer le nouveau malheur qui frappe cruellement mes plus chères affections, dit de Vardes d'un ton triste et respectueux.

— Qu'est-ce donc, mon cher neveu ?

— La funeste nouvelle que vous aimez Madeleine, que vous la désirez pour votre femme, en dépit de l'amour extrême que je ressens pour elle, ensuite, que cette chère fille effrayée, n'osant vous exprimer les sentiments de son cœur et se croyant perdue, a pris le parti de vous fuire, afin d'échapper à votre colère.

— Tout cela est l'exacte vérité, mon ami, oui, j'aime Madeleine et si la cruelle persévère à repousser mon cœur et ma main, je sens que je ne pourrai survivre à ce malheur, répondit le comte d'une voix émue et en se couvrant les yeux de sa main, tel qu'une personne profondément affligée.

— Mon oncle, et moi aussi je meurs si je ne la possède.

— Enfant, tu es jeune, à ton âge un amour succède facilement à un autre amour, tandis qu'un homme de mon âge n'a plus rien à espérer lorsqu'il perd celle qu'il aime.

— Mais, monsieur, vous exigez l'impossible ! est-on le maître d'aimer ou de ne plus aimer à sa volonté. J'adore Madeleine, sa possession fait tout mon bonheur et ma joie et vous exigez que je vous la sacrifie. Mon oncle, au nom du ciel, prenez pitié de moi; c'est à vos genoux que je vous supplie de ne pas me rendre le plus malheureux des hommes.

— Relevez-vous, de Vardes, et veuillez m'entendre, ensuite vous serez libre d'agir selon la voix de votre cœur : Votre père, homme d'un cœur noble et généreux, lors de votre naissance avait déjà perdu la totalité de son patrimoine, grâce à sa trop grande faiblesse et à son excès de confiance, lorsqu'il mourut ainsi que sa respectable compagne, votre mère, vous étiez encore en bas âge, ce fut moi alors qui recueillit en vous l'orphelin sans avenir ni fortune et l'adoptant pour mon fils, pris l'engagement sacré de l'élever et de l'aimer comme tel, mieux encore, de me vouer au célibat, de fermer mon cœur à tout tendre sentiment, afin de lui conserver intacts tout mon amour de père, mes titres et ma fortune.

— En effet, monsieur, vous fûtes toujours pour moi le meilleur et le plus généreux des pères et Dieu m'est témoin que toute ma reconnaissance et ma tendresse filiale vous sont acquises.

— Votre bouche dit ainsi, de Vardes, et votre cœur dément vos paroles.

— Ah! monsieur, ah! mon père! demandez-moi ma vie pour prolonger la vôtre et je n'hésiterai pas un seul instant à vous la donner, mais, de grâce, n'exigez pas le sacrifice de mon amour, car il est plus fort que ma volonté.

— Ainsi, dussé-je succomber au chagrin que me cause l'indifférence et la perte de Madeleine, vous resterez insensible et sans pitié pour moi? Vous me verrez mourir, et sans regret vous vous consolerez de la mort de votre ami, de votre bienfaiteur, dans les bras de celle qui l'aura tué par son indifférence?

Le marquis, ne sachant comment répondre à ces dernières paroles du comte, demeura silencieux et versa d'abondantes larmes.

— De Vardes, reprit le seigneur, vous hésitez à me répondre ; je comprends l'embarras où se trouve en ce moment votre cœur égoïste. Retirez-vous; allez le consulter en paix et demain venez m'apprendre ce qu'il aura décidé en faveur de ma vie ou de ma mort.

— **Mon oncle !...**

— Plus un mot, mon neveu, retirez-vous, fit le comte d'une voix triste et sévère.

CHAPITRE CINQUIÈME.

V

Le lendemain, lorsque, le cœur désespéré et après une nuit passée dans les larmes et la plus douloureuse indécision, le marquis se présenta chez son oncle, ce ne fut pas sans éprouver une grande et douloureuse surprise qu'il apprit que le comte tombé la veille subitement malade se trouvait en grand danger et que les médecins appelés pour le secourir avaient extrêmement ordonné que personne ne fût admis auprès de lui.

Trois jours après ces derniers événements, un coureur arrivé de Paris remettait à Madeleine une lettre que lui adressait le marquis.

— Hélas! que peut-il m'écrire? Est-ce le bonheur où le malheur qu'il m'annonce dans cette lettre? disait Madeleine tremblante, en présence de la baronne et de Madelon, en tournant et retournant dans ses mains cette lettre qu'elle n'osait ouvrir.

— Allons, chère enfant, du courage et bon espoir, fit la baronne en entourant le cou de la jeune fille de son bras caressant.

— Oui, lis Madeleine, car si c'est une

bonne nouvelle, comme je ne puis en douter, c'est retarder ton bonheur que d'hésiter ainsi à l'apprendre, dit à son tour Madelon.

Pressée de la sorte, Madeleine se décida à rompre le cachet et se mit à lire tout haut ce qui suit d'une voix tremblante :

« Chère Madeleine,

» Je suis au désespoir, jugez-en par
» la nouvelle affreuse que je vous ap-
» prends. Je vous perds pour jamais !

» Hélas ! Admirez jusqu'où va la cruauté
» du sort à mon égard; ce sort injuste
» qui me contraint à n'être jamais à
» vous et, pour comble de rage, me
» force de me servir de tout l'empire
» que j'ai sur votre cœur pour vous
» supplier de me plonger le poignard
» dans le cœur; c'est trop vous tenir en
» suspens, mon adorable amie : appre-
» nez donc que mon oncle, mon père,
» est à toute extrémité, que c'est vous
» et moi qui le mettons sur le bord de

» la tombe; il vous demande, il implore
» votre présence et mourra, dit-il, heu-
» reux s'il expire avec le nom de votre
» époux.

» Serons-nous assez barbares, assez
» inhumains pour le laisser mourir
» quand nous pouvons le satisfaire?
» Ah! si j'ai la douleur de perdre
» mon bienfaiteur, du moins, que je
» n'aie pas à m'adresser le reproche
» affreux que c'est moi qui lui ai donné
» la mort.

» Madeleine, si je vous fus jamais
» cher, ne restez pas insensible à ma
» prière, accourez vite auprès du pau-
» vre mourant. Pensez qu'un instant,
» une minute de retard, nous rendraient
» tous deux coupables d'un crime dont
» le remords empoisonnerait notre
» existence entière. »

Madeleine, après avoir terminé cette lecture, demeura un instant pensive et silencieuse, puis ressaisissant tout à coup la parole et l'énergie :

— Eh! que m'importe, s'écria-t-elle en versant des larmes, que cet homme meure? suis-je cause s'il est fou et ridicule, cause de l'état cruel où le réduit une passion insensée? que me demande-t-on, quels sont mes crimes pour être livrée au supplice? Et vous, marquis, que vous ai-je fait pour vous obliger à m'y mener? Mon Dieu? est-ce donc là le sort que vous me réserviez; et toi beauté fatale, cause de tous mes malheurs, je te maudis!

En achevant ces mots, Madeleine tomba sans connaissance dans les bras de la baronne, qui, aidée de Madelon, s'empressa de lui prodiguer des secours.

— Ah! laissez-moi mourir, mes généreuses amies; à quoi tentent vos soins? Semblable au criminel qu'on mène au supplice, vous me rendez des forces, pour sentir avec plus de rigueur les coups funestes qui me sont réservés, dit Madeleine d'une voix faible.

— Amie, prends courage en pensant combien aussi doit souffrir ton pauvre de Vardes, qui attend tes consolations, fit Madelon.

— Hélas! son souvenir seul soutient ma vie prête à s'envoler; que deviendrait-il sans moi, car s'il craint les reproches d'une mort dont il serait innocent, dont l'idée le fait frémir et l'oblige à sacrifier tout ce qu'il a de plus cher au monde, à quelle extrémité ne se porterait-il pas, s'il avait à pleurer la mienne, en sachant qu'il en est le véritable auteur.

— Espère, enfant, qu'à l'aspect de tes larmes, le comte renoncera à ce funeste mariage... Madeleine, permets que je t'accompagne à Versailles, fit la baronne.

— Oui, venez, partons ; il faut prouver à de Vardes à quel point il m'est cher et précieux. Je m'étais destinée à lui seul, je n'avais que mon cœur pour tout bien à lui donner, depuis longtemps il en est le maître, ainsi que de ma volonté, qu'il en use en souverain, car je suis son esclave. Oui, qu'il apprenne, par l'énormité de mon sacrifice, qu'à défaut de noblesse, de naissance, que la grandeur de mes sentiments me rend son égale.

—Ah! Madeleine, que tu es une digne fille, et combien je suis peu surprise maintenant de l'excès des passions que tu inspires... Va, chère enfant, tu mérites une couronne, disait la baronne en embrassant Madeleine.

Le courrier qui avait apporté la lettre fut appelé, et l'on apprit de cet homme que la chaise de poste qui l'avait amené attendait dans la cour qu'il plût à mademoiselle Madeleine de monter dedans, pour repartir aussitôt, que tels étaient les ordres qu'il avait reçus du marquis, son maître.

—Hâtons-nous, alors, dit la baronne,

Une demi-heure ayant suffi pour les

préparatifs du voyage, Madeleine, la baronne et Madelon, prirent place dans la chaise, qui s'éloigna aussitôt.

Grâce à la rapidité des chevaux, le voyage dura fort peu de temps, et la nuit commençait à effacer le jour lorsque la chaise de poste qui amenait les trois voyageurs entra dans la cour de l'hôtel du vieux comte, dont tous les gens se trouvèrent à la descente de la voiture, curieux sans doute de connaître celle qui allait devenir leur maîtresse.

De Vardes s'empressa d'accourir, afin de recevoir Madeleine et ses deux compagnes. Il était pâle, et sur ses traits se lisait une tristesse mortelle, ses yeux étaient remplis de larmes. Le pauvre amant prit la main de Madeleine, qu'il pressa avec amour. Il voulut lui parler, mais la vive émotion à laquelle il était en proie lui ôta la parole.

Ce fut à l'appartement du comte que le marquis, suivi de la baronne et de Madelon, conduisit Madeleine.

La chambre où reposait le comte était éclairée par deux bougies. De Vardes s'approcha du lit, après avoir laissé la jeune fille au milieu de la chambre.

— Monsieur, fit-il d'une voix tremblante et faible, en se penchant sur le lit, Madeleine est arrivée, elle est là et vient vous confirmer le don qu'elle vous fait de sa main ; désirez-vous la voir?

— Ah ! elle est là ? elle consent ? c'est bien, je suis satisfait, répondit le vieux seigneur, d'une voix faible.

— Mon oncle, Madeleine attend l'ordre d'approcher.

— Qu'elle vienne.

Madeleine s'approcha du lit, alors le marquis lui prit la main pour la placer dans celle du vieillard, lequel ouvrit les yeux pour les porter attentivement tour à tour sur son neveu et sur la jeune fille.

— Eh bien! mon cher oncle, comment vous trouvez-vous? La vue de l'objet que vous désirez pour compagne ne vous occasionne-t-elle pas quelque révolution heureuse?

— Je me sens et déjà beaucoup moins souffrant, mon neveu, et vous, Madeleine, vous trouvez-vous satisfaite, et n'éprouvez-vous nul regret du sacrifice que vous allez me faire?... Répondez avec franchise, mon enfant, car si l'union que j'ambitionne devait vous rendre par trop malheureuse, je préférerais y renoncer, quand bien même votre perte devrait me coûter la vie.

— Vivez, monsieur, répondit Madeleine en s'efforçant d'affecter une fermeté que son cœur désolé était près de trahir à chaque instant, vivez, et je jure de tenir inviolablement la parole que monsieur votre neveu vous a donnée pour moi.

— Ah! Madeleine, combien vous êtes sensible et généreuse, et que ne puis-je vous imiter, s'écria le comte, au comble de la joie, et qui, après ces mots, donna l'ordre qu'on conduisît sa belle future à l'appartement qui lui était destiné, et dans lequel l'accompagna la baronne de Brias et Madelon.

Cet appartement était d'une magnificence extrême, l'or, les glaces et les riches tableaux y brillaient de toutes parts. Madelon était dans l'admiration, Madeleine, dont le cœur était plongé dans un cruel abattement, ne voyait et n'entendait rien.

Depuis une heure, la baronne s'efforçait de consoler la pauvre afligée et de ranimer le courage qui l'abandonnait lorsque le maître-d'hôtel vint les prévenir que le souper était servi et que le marquis parut pour offrir la main à Madeleine ainsi qu'à la baronne.

Madelon, privée de cavalier, se décidait donc à suivre seule les deux premières, lorsqu'une petite porte s'ouvrit pour donner entrée à Éloi qui, paré, vif et souriant, vint prendre Madelon par le bras pour la conduire au couvert, où tous deux se placèrent au milieu de leurs amis.

Alors, une nombreuse livrée portant des plats les présenta au maître d'hôtel, qui les mit sur la table; et comme ce dernier avait le chapeau sur la tête, Madelon, étrangère à cette cérémonie, ouvrait des yeux surpris aussi grands qu'une porte-cochère.

Quant à Madeleine, que le chagrin accablait, son cœur repoussait la nourriture et sa fourchette retombait sur l'assiette chaque fois qu'elle essayait de la porter à ses lèvres.

Le marquis, non moins triste, ne faisait guère plus d'honneur au souper; il se contentait de fixer un regard désolé et humide sur celle qu'il allait perdre pour toujours.

Quant à la baronne, son active amitié s'efforçait, mais en vain, de ranimer le courage des deux amants, qui, absorbés par la douleur, l'écoutaient parler et ne lui répondaient que par leurs larmes.

— Sambleu! nous faisons tous ici piteuse mine! fit Éloi, et j'ai avis qu'une heureuse nouvelle dont j'ai grande envie de vous faire part vous mettrait un peu de contentement au cœur, à vous, monsieur le marquis, ainsi qu'à notre bonne Madeleine.

— Alors, parlez vite, Éloi, car ces chers enfants ont grand besoin de distraction! dit la baronne.

— Sachez donc que monsieur le vicomte de Bracieux s'est fait tuer hier soir, dans un tripot, par un cadet de Gascogne, bretteur de profession, avec lequel il jouait aux cartes et qu'il trichait indignement.

— Mais, je croyais le vicomte parti pour l'exil? observa le marquis, que la nouvelle de la mort de son ancien rival venait d'arracher à son abattement.

— C'est-à-dire qu'il se disposait à partir, mais que, se trouvant sans argent pour entreprendre le voyage, il jouait en l'espoir d'en gagner.

— Qui vous a si bien informé, Éloi? demanda Madelon.

— Le hasard, en me faisant passer devant la maison où le duel venait d'avoir lieu juste au moment où l'on en sortait le cadavre du vicomte, dont l'âme s'était enfuie par deux profondes blessures reçues en plein cœur.

— Que Dieu ait pitié de ce misérable

en daignant lui pardonner ses crimes! murmura Madeleine tristement.

— Le vicomte mort, que va devenir sa sœur? s'informa la baronne de Brias.

— Elle compte débuter sous peu à l'Opéra, où certain petit duc lui fait espérer un engagement dans le corps de ballet, répondit Éloi.

— Quoi! l'orgueilleuse Hélène de Bracieux devenir danseuse! fit la baronne avec dédain.

— Eh mon Dieu! ne lui faut-il pas reconquérir la fortune que sa famille a perdue! d'ailleurs, la noble demoiselle, en entrant au théâtre, ne fait en cela que suivre les conseils que lui a donnés son frère feu le noble vicomte de Bracieux, chevalier du lansquenet.

— Triste dénouement pour l'un comme pour l'autre! fit Madelon en haussant les épaules.

La pendule, en sonnant la onzième heure du soir, engagea nos héros à se lever de table.

Ce fut alors qu'en soupirant, de Vardes prit congé de Madeleine en lui pressant tendrement la main... Madeleine, qui, accompagnée de ses deux amies, et précédée de deux valets porteurs de flambeaux, fut conduite par ces derniers dans une somptueuse chambre à coucher où l'attendaient deux femmes de chambre se tenant respectueusement debout de chaque côté d'une toilette, et qui l'y attendaient pour assister à son déshabiller.

Après avoir congédié ces deux chambrières, afin de pouvoir rester seule avec la baronne et Madelon, après avoir écouté les consolations que lui prodiguèrent ses deux amies, Madeleine consentit enfin à se mettre au lit, où elle essaya en vain de dormir, car tout ce qui arrivait à la pauvre fille lui paraissait si cruel et si surprenant, que son esprit en souffrance chassait le sommeil loin de sa paupière.

Il était neuf heures lorsque, le lendemain matin, Madelon entra dans la chambre de Madeleine pour l'embrasser et l'engager à se lever, parce qu'un valet du comte désirait lui parler de la part de son maître.

Madeleine se fit donc habiller à la hâte, et donna ensuite audience au messager, qui venait, de la part de son maître, s'informer comment elle avait passé la nuit, et si elle se sentait disposée à se rendre auprès du comte, qui désirait l'entretenir un instant.

Madeleine s'empressa de répondre qu'elle était tout à la disposition du seigneur, dont elle s'informa de l'état de santé.

— Monsieur le comte, mademoiselle, a passé une très-bonne nuit et parle aujourd'hui avec plus de facilité, ce qui nous fait bien augurer de sa prochaine guérison.

— Allons, Madelon, je vois, d'après ce que vient de nous dire ce valet, qu'il faut me résigner à devenir la femme d'un homme que ma présence seule suffit pour ressusciter! fit Madeleine en soupirant, après avoir congédié le domestique.

— Hélas! que n'a-t-elle tué ce vieux fou, au lieu de lui rendre la santé! s'écria Madelon avec colère.

— Ce souhait n'a rien de chrétien, ma bonne Madelon! dit Madeleine en souriant.

— C'est possible, mais je dis ce que je pense, car, enfin, le comte étant mort, plus d'obstacle à ton union avec son neveu.

— N'importe, amie, il ne faut jamais souhaiter la mort de personne, même celle de son ennemi.

—Oh! tu penses et parles comme les anges dont tu es la sœur, toi, Madeleine. Mais, moi, ma vertu ne s'étend pas si loin, et ceux qui me nuisent je les envoie au diable!

—Tu fais mal, alors, car Dieu nous

ordonne de pardonner, si nous voulons qu'il nous pardonne.

Comme Madeleine terminait ainsi, un factotum de la maison se présenta pour l'avertir qu'on l'attendait avec impatience chez le comte pour lui lire le contrat qui venait d'être dressé, et pour le signer.

A ce mot *contrat*, Madeleine frissonna, et lorsqu'après avoir suivi le factotum elle entra dans la chambre du malade, elle sentit ses jambes plier sous elle de trouble et de faiblesse.

Le marquis, en la voyant paraître, s'empressa de venir à elle pour lui offrir la main et la conduire sur un siége placé près du lit du comte.

Un regard que la jeune fille jeta sur lui suffit pour la convaincre de toutes les souffrances qu'endurait le jeune homme, dont les traits étaient empreints d'une pâleur mortelle et les yeux noyés de larmes.

Quant au comte, qui était sur son séant, Madeleine fut fort surpris de ne point le voir changé comme elle s'imaginait que cela devait être.

Le vieux seigneur, en la voyant, s'empressa de lui sourire et de lui tendre la main, puis ordonna qu'on le laissât seul avec elle.

De Vardes s'empressa d'obéir.

— Madeleine, dit alors le comte, écoutez-moi, j'ai peu de mots à vous dire. L'état où vous me voyez réduit est l'ouvrage de votre fuite; cruelle! et si j'en reviens, je vous devrai la vie. Mon neveu m'assure que vous êtes disposée à me rendre heureux en devenant ma femme, et j'accepte avec joie votre sacrifice; mais il est encore temps! dites un mot, je vous rends votre parole.

—Monsieur votre neveu, monsieur le comte, a ma parole, et je ne la reprendrai pas. Dès qu'il vous aime assez pour vous sacrifier l'amour qu'il a pour moi, je veux lui prouver que je suis digne d'imiter son généreux exemple.

— Cela suffit, ma chère Madeleine, dit le malade. Qu'on fasse venir mon neveu, nos amis, le notaire, et qu'on lise le contrat.

Ces derniers s'étant présentés et ayant pris place, le notaire commença la lecture du contrat. Les qualités des futurs furent d'abord passées, et l'on en vint tout d'un coup aux articles qui concernaient Madeleine, à laquelle on reconnaissait un douaire de quatre cent mille livres, cent mille livres de bagues et joyaux, un carrosse, une maison et des meubles, à reprendre en cas que le futur mourût sans enfants ; mieux encore, on lui statuait la jouissance de tous les biens de son mari, supposé qu'il eût lignée, jusqu'à l'âge de majorité, qu'elle serait obligée de leur rendre compte des biens de leur père.

Quoique Madeleine ne connût pas les affaires, elle fut assez surprise de ne point entendre faire mention du neveu, enfant d'adoption du comte ; il lui semblait cependant qu'il devait, dans cette pièce authentique, jouer le premier rôle, et sa conduite était assez noble en cette affaire, pour oser prétendre qu'il fût bien traité à son tour. Cette idée frappa si fort Madeleine qu'elle ne put s'empêcher d'en faire part.

— Vous êtes une fille adorable, ma chère Madeleine ! s'écria le vieux comte, mais que votre équité se tranquillise :

mon neveu et moi sommes d'accord, nous n'avons rien à démêler ensemble; il sera content, et vous aussi.

Après que la lecture du contrat fut terminée, le notaire apporta l'acte au comte, qui le signa et le présenta ensuite au marquis son neveu, qui en fit autant en ne pouvant si bien se contraindre qu'un douloureux soupir ne lui échappât.

Cette preuve de l'effort qu'il faisait, et la présence des larmes qui s'échappaient malgré lui de ses yeux, saisirent tellement Madeleine, que la plume que tenait la tremblante fille s'échappa deux fois de ses mains.

Le vieux comte, qui l'observait, s'écria alors : Qu'on ne la force pas!

— Madeleine, dit alors le marquis d'un ton douloureux, que faites-vous! voulez-vous donc causer la mort de mon oncle, de mon cher bienfaiteur?

Madeleine, à ces mots, et voyant les larmes couler des yeux de son amant, sentit son cœur tressaillir, puis reprenant la plume, elle s'empressa de signer.

— Mes enfants, dit alors le comte d'un ton attendri, je suis content de vous, et l'épreuve à laquelle j'ai cru devoir vous soumettre dans le but de m'assurer si le sentiment qui vous lie l'un à l'autre était bien un amour sérieux, ou tout simplement un caprice de jeunesse, si l'ambition n'était pas le mobile qui seul guidait le cœur de Madeleine. Mon intention, pour y parvenir, a été de vous mettre dans le cas l'un et l'autre, de m'immoler cet amour qui depuis sa naissance m'a causé tant de trouble et d'inquiétude; j'ai donc imaginé, pour arriver à ce but, une passion ardente pour vos charmes, ma chère Madeleine, ainsi que cette maladie qui vous a paru si vraisemblable.

— Comment, mon oncle, vous n'étiez pas malade? s'écria de Vardes, heureux et joyeux, en baisant la main du vieillard.

— Non, mon enfant; ce n'était qu'un jeu, je n'ai pas été plus indisposé que je n'ai été amoureux de ta chère Madeleine. Donnez-moi vos mains, mes enfants, unissez-vous et soyez heureux autant que vous méritez de l'être ! fit le vieillard en plaçant la main de Madeleine dans celle de son neveu.

De Vardes, ajouta-t-il, en vous donnant cet ange pour épouse, je vous fais le plus beau présent qu'il soit possible de faire; rendez-la heureuse autant qu'elle mérite de l'être.

Les deux jeunes gens, attendris, les yeux mouillés de douces larmes, tombèrent à genoux devant le comte.

— Allons, reprit ce dernier, ne perdons pas de temps, surtout lorsqu'il s'agit du bonheur. Sachez, mes enfants, que j'ai fait, secrètement, tout disposer pour la cérémonie de votre mariage, et qu'un ministre de Dieu vous attend en ce moment au pied de l'autel. Quant à votre contrat de mariage, vous l'avez signé tous deux il n'y a qu'un instant, en pleurant beaucoup, il est vrai, mais vous étiez très-excusable, car il s'agissait alors pour toi, mon cher neveu, de perdre celle que tu aimes, et pour vous, Madeleine, de devenir la femme d'un vieux barbon amoureux et ridicule.

Deux heures après, Madeleine étant devenue l'épouse bien-aimée du marquis de Vardes, recevait les félicitations de tous ses amis, rassemblés autour d'elle.

Quinze jours plus tard, un second mariage s'accomplissait, car Éloi épousait la gentille et bonne Madelon, qui avait été richement dotée par le marquis.

Ce même jour, Hélène de Bracieux, emportée par la petite-vérole, rendait au diable son âme haineuse et jalouse.

GENEVIÈVE

> La vie d'une femme se passe à se créer des idoles, à reconnaitre que ces idoles sont d'argile, et à pleurer leur culte évanoui. — Félicia Hemans.

CHAPITRE PREMIER.

1

C'était par nne nuit froide et pluvieuse de décembre. Dans un hôtel des messageries, plusieurs voyageurs enveloppés dans leurs manteaux, les pieds allongés vers un poêle ardent, silencieux et l'air ennuyé, attendaient le passage de la diligence de Lille à Paris. Dans le même bureau, sur un banc à l'écart, étaient assises deux femmes à demi cachées dans leurs pelisses; ne se parlant qu'à de longs intervalles, mais se tenant par la main, en essuyant de temps à autre l'une et l'autre des larmes qui coulaient de leurs yeux.

Bientôt, dans le silence de la nuit, un bruit lointain, un roulement sourd, le trot des chevaux sur le pavé, se font entendre. Au calme profond qui régnait dans l'hôtel succèdent quelques minutes d'un mouvement extraordinaire. Ce sont trente voix confuses de voyageurs et de commissionnaires, de postillons et de garçons d'hôtel, et par dessus tout la voix rauque et impérieuse du conducteur, gros homme dont la tête disparaît presque dans les fourrures qui garnissent sa veste, et qui n'en déploie pas moins une merveilleuse activité. En peu d'instants la montagne de bagages qui s'élevait sur l'impériale s'est accrue d'un supplément considérable. Les voyageurs ont successivement pris leurs places; une seule personne ne s'est pas encore rendue aux pressantes invitations du conducteur; elle ne paraît pas même l'entendre, malgré toute l'énergie de son langage. C'est l'une des femmes que nous avons remarquées dans le bureau. Une jeune fille de dix-huit ans environ pressait sa mère dans ses bras, lui disait vingt fois adieu en la couvrant de baisers sans pouvoir jamais s'en séparer. Les étreintes de la mère n'étaient pas moins vives; mais la voix lui manquait tout à fait, étouffée par les pleurs. Enfin une rude main s'interposa entre ces deux femmes; la jeune fille se sentit comme enlevée et transportée dans la voiture par une force irrésistible, et pendant qu'elle tendait la main à sa mère, qui d'un œil égaré cherchait dans l'ombre à la voir encore une fois, le fouet retentit, la voiture s'ébranla ; deux cris partirent en même temps : « Adieu, Geneviève!... — Adieu ma mère!... » cris pénétrants et qui émurent même l'indifférence de plus d'un voyageur... Et puis on n'entendit plus que le bruit de la lourde voiture qui fuyait. Un pauvre commissionnaire eut pitié de la mère de Geneviève, qui était restée là, assise sur une borne, à la porte de l'hôtel, n'ayant plus la force de se soutenir. Elle la prit par le bras et la reconduisit chez elle.

Geneviève, qui, pour la première fois, quittait sa ville natale, sa mère, et s'en allait vivre seule dans un monde inconnu, à Paris, était aussi anéantie de douleur. Elle tint longtemps son mouchoir sur les yeux, la tête appuyée contre un des côtés de la voiture, et pleurant avec une profonde amertume de cœur.

C'était en effet une bien cruel séparation. Jamais deux âmes n'avaient été mieux faites l'une pour l'autre, ni deux êtres n'avaient été l'un à l'autre si nécessaires. La mère de Geneviève avait à peine connu son mari. Officier dans l'un des régiments de la grande armée, peu de jours après leur union, il avait donné à sa jeune femme le baiser d'adieu, et il était parti pour cette dévorante expédition de Russie, si fatale aux soldats de la France. Depuis ce moment, jamais nouvelles de lui n'étaient parvenues à sa femme. Pendant bien des années, chaque jour, quand l'heure de la distribution des lettres approchait, elle sentait son cœur battre avec violence ; et quand l'heure était passée, et qu'il n'y avait plus d'espoir de toute la journée, son cœur se serrait d'une angoisse mortelle, et elle se prenait à pleurer.

Cependant elle avait mis au monde une fille, Geneviève, à ses yeux l'image vivante de son époux ; et sur cette enfant, pauvre veuve, elle avait concentré deux amours, celui d'une amante et celui d'une mère. Sans patrimoine, réduite pour vivre à travailler de ses mains comme lingère, il n'est pas de privations qu'elle ne s'imposât pour que son enfant jouît du moins de quelques unes des douceurs qu'elle était destinée à connaître si son père eût vécu. Bien des fois elle s'était levée avant le jour et couchée tard dans la nuit pour que sa petite Geneviève pût porter des vêtements plus conformes, il est vrai, à sa charmante figure qu'à la position de fortune de sa mère; mais la pauvre femme se trouvait bien payée de ses sacrifices lorsque le dimanche Geneviève, marchant auprès d'elle en lui tenant la main, ou mieux encore lorsque, courant sur le gazon des promenades publiques, elle avait animé d'un vif incarnat ses joues naturellement un peu pâles, sa mère entendait dire autour d'elle : « Oh! la jolie enfant! » Et puis Geneviève était si caressante; elle avait si belle grâce quand elle lui venait jeter ses petits bras potelés autour du cou, et que ses longs cheveux bouclés ondoyaient sur ses épaules;

il y avait à travers la candeur de ses grands yeux bleus quelque chose de si tendre et de si aimant, que sa mère, la pressant sur son cœur, oubliait bien souvent tout ce qu'elle avait perdu et souffert!

Quand Geneviève fut sortie de l'enfance, prévenante et laborieuse, elle déchargea sa mère de tout ce que les soins domestiques avaient de pénible. Habile dans tous les ouvrages de femme, elle faisait presque régner l'aisance, à force de travail, dans leur petit intérieur, et jamais elle ne perdait un jour. Etrangère au plaisir, la pensée du malheur qui avait frappé sa mère, celle du besoin qui pouvait l'atteindre, ne laissaient pas de place dans son âme pour le regret des jouissances frivoles. L'hiver, quelques soirées où de jeunes amies, modestes et laborieuses comme elle, venaient se réunir autour de la lampe pour travailler en commun, et se distraire par un peu de gaîté; l'été, des promenades avec sa mère, loin de la foule, sur les remparts ombragés de la ville, ou sur les rives sinueuses de la Scarpe; la culture de quelques fleurs, et une demi-douzaine d'oiseaux qui animaient de leurs chants son petit réduit, et dont elle était la providence : voilà tous ses délassements.

L'une, comme toutes les personnes déchues, se plaisait à rappeler les souvenirs de sa famille, à raconter longuement les beaux jours de sa jeunesse, et la cruelle séparation qui s'était changée pour elle en un deuil éternel; l'autre écoutait avec le plus tendre intérêt le récit d'infortunes qui avaient commencé auprès de son berceau. Geneviève ne se lassait pas surtout d'entendre parler de son père; vingt fois sa mère lui en avait tracé le portrait, et, malgré cela, souvent encore elle le lui demandait. Toutes deux mêlaient leurs larmes à ce souvenir, et, après avoir bien pleuré ensemble, l'une ou l'autre sentait toujours le besoin de jeter un peu d'espérance sur une si profonde douleur, et de dire, en rompant l'entretien: « Peut-être il reviendra! »

Un jour la mère de Geneviève reçut une lettre de Paris; elle était d'une de ses sœurs, attachée à une maison de commerce, et qui ne lui écrivait que de loin en loin. Sa sœur voulait avoir Geneviève à Paris; elle voulait la placer, à ses frais, dans un magasin de lingerie et de nouveautés: et après deux ou trois ans, aidée de quelques avances que sa tante s'offrait à lui faire, elle serait en état de monter une maison de commerce du même genre auprès de sa mère.

Deux ou trois ans de séparation! c'était un immense sacrifice pour la mère de Geneviève aussi. Cependant il fallait prendre un parti... La raison l'emporta, et ce fut une semaine après qu'eut lieu la scène d'adieu que nous avons rapportée.

Vingt heures à peine s'étaient écoulées depuis cette séparation, que Geneviève entrait à Paris.

Elle se fait conduire à la demeure de sa tante, qui dirigeait une importante maison de commerce de la rue des Bourdonnais. Après un accueil très affectueux, elle dit à sa nièce beaucoup de choses que celle-ci ne comprit pas sur le bonheur d'avoir quitté la province, et finit par lui offrir ses conseils, fruits d'un tact tout particulier qu'elle se reconnaissait et de son expérience. Dès le premier jour, Geneviève fut présentée et agréée dans un magasin de nouveautés situé rue de Seine, où sa tante avait dessein de la placer ; mais, avant d'y entrer définitivement, il lui fallut pendant cinq jours, sous les auspices de cette parente plus empressée que discrète dans son obligeance, se rassasier jusqu'à la fatigue de la vue d'une grande partie des merveilles de Paris. Sa tante la déposa enfin dans la maison de commerce où elle devait faire son apprentissage, après avoir obtenu que sa nièce vint la voir une fois par semaine.

Geneviève s'applaudit un instant d'être quitte du patronage de cette femme ; mais bientôt, se trouvant seule, loin de son pays et de sa famille, dans un monde étranger, elle éprouve un serrement de cœur indicible. Lorsqu'elle est libre enfin, et qu'elle peut monter à la chambre qui lui est destinée, elle se jette sur son lit oppressée par ses souvenirs, par le sentiment de son isolement, et toujours obsédée par l'image de sa mère, des bras de laquelle on l'a arrachée. Dans son accablement, des mots sans suite s'échappent de sa bouche : « O mon Dieu ! où suis-je ? où m'a-t-on jetée ? J'étais si heureuse auprès de ma mère !... Ma pauvre mère ! elle aussi elle est seule, désolée... elle pleure aussi, j'en suis sûre, et elle n'a plus sa fille, sa Geneviève auprès d'elle pour la consoler !... Ah !

ma tante! quel mal la vanité de cette femme nous fait!

Peu à peu ces impressions si lugubres s'affaiblirent. Occupée tous les jours des nombreux détails de son nouvel état, Geneviève avait peu de temps à donner à ses tristes réflexions, et des distractions de tout genre venaient l'en détourner.

Geneviève était bien jolie! Sans être régulièrement belle, sa figure offrait un mélange séduisant des différents types de beauté. La coupe de son visage était noble et presque sévère et ses grands yeux bleus avaient une indéfinissable expression de douceur et d'affectuosité. De beaux cheveux d'un noir de jais se dessinaient en bandeaux sur son front d'une blancheur parfaite, et sur son beau col s'inclinait, avec un abandon mélancolique, sa tête pleine de grâce.

En face du magasin de la modiste se trouvait un hôtel garni peuplé d'étudiants, quelques uns vraiment studieux, d'autres, et en plus grand nombre, oisifs, légers, brillants, faisant leur grande affaire de leur toilette et du théâtre.

Parmi ces jeunes gens il en était un qui se distinguait par l'élégance de ses manières comme par la frivolité de son genre de vie. Fils d'un célèbre avocat de Dijon, il suivait à Paris les cours de la faculté de droit ; mais, arrivé à sa quatrième année, il n'était pas encore en mesure de soutenir sa thèse. Son père s'en affligeait, et lui avait écrit à cet égard plus d'une lettre sévère. Edgard était sensible au mécontentement de son père; mais, d'un caractère mobile et facile à l'entraînement, il oubliait vite, au milieu des plaisirs, et ces reproches mérités, et les belles résolutions qu'il avait souvent prises.

Logé depuis quelques semaines dans l'hôtel, un matin qu'il s'était levé plus tôt que de coutume et avait ouvert sa fenêtre aux rayons d'un beau soleil de printemps, il aperçut Geneviève à son balcon, donnant quelques soins à la culture de ses fleurs. Il fut étonné, ravi.

La première fois que Geneviève s'aperçut de l'attention dont elle était l'objet, la rougeur lui monta au front, et elle se retira. Elle reparut cependant le lendemain et les jours suivants.

Il était beau, lui aussi, le jeune homme, avec sa taille dégagée, son grand front orné de cheveux noirs et bouclés, son œil vif à fleur de tête franche et souriante.

Dès ce moment, études, plaisirs, l'école et le spectacle, les bals des jardins publics et la musique de Rossini sur son pupitre, Edgard oublie tout, néglige tout : il n'a plus qu'une pensée. Il donnerait tous les trésors du monde pour qu'elle levât sur lui les yeux, pour entendre sa voix.

Et Geneviève est-elle restée froide, insensible aux témoignages de cette passion qu'elle a allumée?

Depuis que ce jeune inconnu a attaché sur elle des regards d'amour, Geneviève ne se sent plus la même.

C'est un trouble plein de charmes, un mystère qui l'effraie et qui la captive tout à la fois.

Parfois Geneviève se complaît dans le nouvel état de son âme; elle y trouve une joie douce, ineffable. D'autres fois elle s'effraie, elle tremble; elle n'est pas sûre qu'il n'y ait rien de coupable dans ce sentiment nouveau par lequel elle se laisse dominer.

Edgard cependant est au comble du bonheur. Il en est sûr, sa passion est comprise; il a jeté le trouble d'un premier amour dans ce cœur de naïve jeune fille. Rien n'égale sa joie. Edgard est un homme léger, ami du plaisir, mais non pas corrompu. Le dessein de la séduction n'est pas entré dans sa tête.

Mais à côté d'Edgard il y a un jeune homme, son camarade de collége, quoique son aîné de plusieurs années. Cet ami, c'est Raymond, d'abord élève en médecine, maintenant attaché au service de santé des hôpitaux de Paris; Raymond, à la tête froide, au cœur plus froid encore. C'est lui qui dirige Edgard, qui réfléchit et prévoit pour lui ; c'est lui qui reçoit ses confidences.

Dès les premiers symptômes de la passion nouvelle d'Edgard, Raymond avait entrevu ce qui se passait dans le cœur de son ami.

Un soir qu'il sont allés se promener

au loin dans la campagne, Edgard ouvre enfin son cœur à son ami. Il dépeint à Raymond celle qu'il aime sous des traits enchanteurs : c'est la plus belle la plus sensible des femmes ; c'est la plus digne d'être aimée.

Quand Edgard a fini, et que, rouge d'émotion et un peu inquiet, il attend le jugement que portera Raymond sur ses nouvelles amours :

— Bien, Edgard, dit-il ; la rencontre est heureuse, la jeune personne fort séduisante, à ce que je crois voir; mais enfin où voulez-vous en venir?

— A voir Geneviève plus souvent, plus librement, à lui parler, à lui dire combien je l'aime.

— Sans doute; mais est-ce là tout?

— Mais, dit Edgard un peu déconcerté, si elle m'aimait, si nos cœurs étaient faits l'un pour l'autre...

— Je comprends. Votre platonicisme consentirait à se matérialiser tant soit peu, et la divine Geneviève pourrait bien alors descendre au rôle assez vulgaire d'une maîtresse d'étudiant en droit.

Edgard fit un geste d'impatience et fronça le sourcil.

— Mais au train dont vont les choses, continua Raymond, le danger de ce côté n'est pas imminent, et votre roman, Edgard, pourra se nourrir encore longtemps de respects délicats et de langueurs. Le mal, c'est qu'en septembre, au plus tard, il faut partir pour ne plus revenir, pour aller illustrer de votre éloquence le barreau de Dijon. Votre père n'entend pas raillerie sur cet article.

— C'est peu généreux à vous, Raymond, de me railler ainsi, quand vous voyez que je n'ai pas plus à moi ma tête que mon cœur. Vous n'avez donc jamais aimé, vous Raymond, qui raisonnez de tout cela si froidement?

— Si vraiment. Mais quand j'aime, c'est un être raisonnable qui satisfait aux lois de sa nature, et ne sacrifie pas à ce qui ne doit être qu'une fleur à cueillir sur sa route et le repos du présent et la sécurité de l'avenir.

— Je crains bien, Raymond, que vous n'ayez jamais goûté les plus pures délices qui puissent inonder un cœur d'homme. Ce n'est pas de l'amour que vous définissez-là ; je ne sais vraiment comment cela s'appelle.

— Et bien ! moi, je crains bien plus encore pour vous, Edgard, qu'en poursuivant toutes vos chimères vous ne fassiez fausse route... Encore si c'était une simple fantaisie! Mais non, voilà que vous commencez une interminable intrigue.

— Eh bien! au lieu de me censurer, aidez-moi donc à en finir, dit Edgard impatienté. Je vous connais habile, fort habile, et si ce n'était votre morale qui m'effraie...

— Ma morale, c'est le succès; et, sous de grands mots, la vôtre en amour n'est pas, je le soupçonne, autre chose. Au reste, je vous prouverai que je ne suis pas aussi insensible que vous m'en accusez. J'aurai pitié de vous, et mon intention est de vous servir.

Edgard ne répliqua point. Il était peu satisfait, sans doute de la légèreté avec laquelle Raymond traitait un sentiment qu'il prenait lui, si fort au sérieux ; mais au fond il était charmé de le voir entrer dans ses intérêts, et il était prêt à s'abandonner à ses conseils.

CHAPITRE DEUXIEME.

II

On était au mois de mai; le printemps répandait sur Paris sa molle influence. C'était par une nuit douce, étincelante d'étoiles, embaumée du parfum des lilas et des roses.

Une petite lumière brillait bien hau à une fenêtre de la rue de Seine. Assise là, près de cette fenêtre, dans sa blanche toilette de nuit, Geneviève était dans l'attitude d'une profonde rêverie. Elle tenait une lettre dépliée à la main, et sa main était tombée négligemment sur son genou.

— Il m'aime! s'écriait-elle d'une voix presque étouffée. Oh! je le savais bien, je l'avais bien vu, et mon cœur me le disait... Et cependant ne plus pouvoir en douter, l'apprendre de lui-même, le lire écrit de sa main, que cela me fait de bien!... Ah! j'ai eu peur en ouvrant cette lettre, j'en tremble encore. Son nom, c'est Edgard. Oh! j'aime ce nom!...

Elle relit quelques mots de sa lettre, puis s'arrêtant.

— Il ne voudrait pas me tromper lui..... Non, non! il ne le pourrait pas...

Elle lit encore: « Geneviève je vous aime ! »

— Ah! combien ce mot m'est doux, à moi, pauvre fille qui dans Paris n'ai pas encore trouvé un cœur qui répondit au mien, ni une bouche qui m'ait dit avec simplicité : « Geneviève je vous aime ! » Ah! je suis heureuse !

— Mon Dieu ! mon Dieu ! s'écrie-t-elle avec un tressaillement soudain, j'ai peut-être commis une grande faute en recevant cette lettre... Ce jeune homme je ne le connais pas... Il ne sait pas qui je suis... Que veut-il? Où son amour peut-il nous conduire tous deux?

Oh! ma mère! ma mère! dit-elle avec un accent de tristesse, que n'êtes-vous ici! comme j'aurais besoin de vous pour me conseiller et me donner de la force!... Oh! j'ai peur d'avoir fait quelque chose qui vous afflige, ma mère!

Il faut le dire : depuis ce jour, jamais amour ne fut attisé dans le cœur d'une jeune fille avec un art plus profond et une magie de séduction plus puissante. une première lettre avait été acceptée, une seconde, une troisième, suivirent et on n'eut pas la force de les refuser. Dans ces lettres, le ton d'Edgard, toujours respectueux, s'animait par degrés et devenait de plus en plus expansif et pressant.

Chaque semaine, Geneviève va voir sa tante; deux heures lui sont accordées pour cela. Edgard a épié sa sortie ; il

s'est trouvé sur son chemin; il a supplié
Geneviève de l'écouter, de lui permettre
de l'accompagner. Geneviève, tremblante, l'a vainement conjuré d'abord de ne
point la compromettre, de se retirer;
puis, trop faible pour une longue lutte,
trop faible contre son propre cœur, elle
a cédé ; elle s'est familiarisée avec la
vue, avec l'entretien d'Edgard. Sa vue,
son entretien, ont fini par lui devenir
nécessaires. Elle aussi, elle aime, et si
ses lèvres n'osent encore le dire, ses

yeux l'ont dit en s'attachant sur ceux d'Edgard, pleins d'amour et de prière, comme s'il le suppliait de ne point abuser d'un cœur qui s'abandonnait à lui. Edgard triomphe, mais il éprouve l'effet d'une puissance qu'il ne soupçonnait pas. Il reste interdit devant l'innocence de cette jeune fille ; il s'incline devant sa vertu.

Cependant Raymond a souri de pitié en entendant de la bouche d'Edgard ses scrupules, ses respects, et le récit de ses

innocentes amours. Au dedans de lui-
même il s'indigne de ce qu'il considère
dans son ami comme une impardonna-
ble faiblesse. Aussi n'épargne-t-il rien
pour enhardir Edgard et lui faire mener à fin ce qui n'est à ses yeux qu'une
intrigue banale. Edgard est trop im-
pressionnable pour résister longtemps à
une si pernicieuse influence.

Un soir, Geneviève était sortie pour
aller voir sa tante, comme d'ordinaire.
Bientôt elle est rejointe par Edgard.

Tout entière au plaisir de l'entendre lui parler de son amour, elle se laisse entraîner hors de sa route, elle s'égare dans Paris sans s'en apercevoir. Sous prétexte de lui faire prendre du repos, Edgard l'invite à entrer dans un lieu public. Fatiguée, elle accepte sans défiance, et voilà que tout à coup elle se trouve dans une chambre écartée seule avec ce jeune homme. Épouvantée, Geneviève veut fuir; Edgard tombe à ses genoux et la retient.

— De grâce! Edgard, laissez-moi. Voudriez-vous me perdre, vous qui dites que vous m'aimez?

Et comme Edgard ne cesse de la retenir et qu'il devient plus pressant.

— Ah! s'écrie-t-elle en se frappant le front avec les mains, dans quel piége suis-je tombée?... Mais c'est affreux! c'est infâme!

Edgard repousse avec feu le soupçon de violence; il cherche à apaiser Geneviève. Si elle fuit, elle ne lui laisse que le désespoir; c'est fini entre eux pour toujours.

— Oh! oui, pour toujours, et il doit en être ainsi, reprend Geneviève moins alarmée, mais d'un ton profondément ému; je vois clair maintenant... trop tard peut-être... Edgard, vous me trompiez; vous ne m'aimez pas, puisque vous n'avez pas souci de mon honneur...

Épargnez, de grâce! épargnez la pauvre Geneviève, qui n'a au monde que l'honneur! Oh! ne le lui enlevez pas...

Mon père, monsieur, était un brave officier de Napoléon ; respectez sa fille... Et puis j'ai une mère, une mère qui m'aime plus que je ne saurais le dire... Si elle savait! ah!... elle en mourrait de douleur! Par votre mère, à vous, je vous en conjure, laissez-moi, laissez-moi, ne me perdez pas! grâce!

Et, en disant cela, elle s'abaissait presque jusqu'aux genoux d'Edgard, pleurant à chaudes larmes et joignant les mains.

Edgard, déconcerté par ces pleurs, par ces cris, ne sait que répondre. A l'entendre, n'est-il pas libre de son cœur? ne peut-il se donner tout entier à celle qui l'aime et qui répondra à sa tendresse? Et pourquoi l'amant de Geneviève ne s'enchaînerait-il pas à elle pour toujours? Pourquoi ne serait-il pas son époux?

Geneviève l'écouta, les yeux égarés, la poitrine haletante. « Non! non! s'écrie-t-elle; Edgard, ayez pitié de moi...

Oh! soyez généreux, et vous verrez comme je vous 'aimerai... Mais vous ne m'écoutez pas, Edgard... Malheureuse que je suis! vous voulez mon déshonneur et ma mort.. Mon Dieu! mon Dieu! Ma mère, sauvez-moi!... »

Hélas! sa mère était trop loin; le ciel fut sourd; l'enfer prévalut!..,

CHAPITRE TROISIÈME.

III

Huit jours s'étaient écoulés depuis la fatale soirée. Edgard était dans sa chambre, étendu dans un grand fauteuil, tout son extérieur en désordre, la tête entre ses mains, l'air morne et presque désespéré, lorsque Raymond entra et vint se placer devant lui avec ce front impassible, ce regard vitreux et cette lèvre sardonique qui caractérisaient sa physionomie et peignaient son âme.

— Eh bien! Edgard, pour un homme à bonnes fortunes, vous avez l'air bien sombre aujourd'hui.

— Raymond, faites-moi grâce de vos plaisanteries, s'il vous plaît, et, au lieu de vous moquer de mes remords, prenez-en plutôt votre part.

— Des remords! Edgard, je ne vous comprends pas.

— Vraiment? Eh bien! je vous dis, moi, que ce que j'ai fait l'autre jour, à mes yeux, c'est un crime. Et vous, vous savez peut-être quelles inspirations, quelle tactique, qui n'étaient pas de moi, m'y ont conduit.

— Je sais, à vous parler sans périphrases, qu'amoureux d'une grisette, vous perdriez auprès d'elle vos phrases sentimentales et votre temps, si je n'avais eu le bon sens de vous guérir au plus vite par la possession. Suis-je donc si coupable?

— Si coupable? Ah! vous le sentiriez comme moi, si vous aviez vu le désespoir de cette malheureuse fille... alors... et depuis... Geneviève était pure, elle a encore toute mon estime; Geneviève sera ma femme.

Un profond sourire de dédain contracta en ce moment la bouche de Raymond.

— Ainsi, vous épouserez ! dit-il. L'innocente Geneviève n'est pas mal avisée de prendre dans sa glu d'aussi nobles oiseaux que vous.

— Raymond, tu n'es pas un homme, mais un infernal génie.

— *Infernal*, c'est beaucoup dire; *génie*, peut-être, s'il faut qu'on soit un génie pour comprendre qu'avec vos incroyables scrupules vous vous jetiez tête baissée dans la plus profonde sottise où puisse se laisser prendre un homme de quelque sens.

— Raymond, merci de vos jugements comme de votre morale. Mais ce n'est pas aujourd'hui que je dois m'en souvenir et qu'il vous convient de me le rappeler; cela était bon tout au plus avant que j'abusasse de la faiblesse et de la candeur d'une pauvre fille qui se confiait à moi.

—Voilà des sentiments fort généreux,

il s'agit seulement de les bien placer.

— A force de mépriser les hommes, on finit par les calomnier. Raymond, je connais celle à qui je veux donner réparation, et qui est assez malheureuse pour que vos soupçons du moins l'épargnent.

— Rien de mieux. Seulement permettez-moi de vous rappeler qu'il y a quelqu'un aussi avec qui il est bienséant que vous viviez en paix; je veux dire votre père.

— Mon père !

— Oui, votre père, reprit Raymond, qui s'était aperçu de son trouble; votre père, qui vous rappelle promptement près de lui dans la lettre que vous reçutes hier. C'est vous-même qui me l'avez dit.

— Cette lettre!... cette lettre!... c'est encore là une de vos machinations, j'en suis sûr.

— Et pourquoi faut-il que vous vous en preniez à moi! Est-il donc si étrange qu'à l'époque des vacances votre père songe à vous rappeler près de lui?

— C'est que vous m'avez montré, Raymond, combien votre tête est féconde en expédients.

— Soit; mais au moins, pour le présent, donnez un gage de respect aux volontés de votre père, et n'éveillez pas ses soupçons par un refus inexplicable.

Le soir même de ce jour, Edgard se rendit aux Tuileries, seul, et fuyant la foule des promeneurs. La tête baissée, il marchait à pas lents comme un homme absorbé dans de pénibles pensées. Enfin une femme parut, son visage était voilé, sa démarche timide, et elle jetait un regard furtif autour d'elle. Dès qu'Edgard l'aperçut, il alla vers elle, lui prit la main, et, la regardant de plus près, il vit ses traits tout altérés.

— Geneviève, que vous êtes pâle! Seriez-vous malade?

— Oh! oui, bien malade; mais c'est mon cœur, c'est ma tête, qui souffrent horriblement. Edgard, je l'avais bien prévu. Que je suis malheureuse !

Ému, embarrassé, Edgard ne sait comment apaiser sa douleur; il cherche des paroles de consolation; il ne comprend pas, lui dit-il, tant d'affliction : peut-elle douter de son amour?

— Votre amour, Edgard, répond-elle enfin d'une voix presque éteinte, m'était doux, il me comblait de joie quand j'étais vertueuse encore.

— Geneviève, est-ce de moi que vous

pouvez craindre une horrible injustice.

— Hélas! je crains tout ; le sentiment de ma honte m'accable... Ah! que ne m'avez-vous entendue, Edgard, quand je vous disais : « Ayez pitié d'une pauvre fille ! »

— Épargnez-moi ces reproches, Geneviève, je suis assez puni. Est-il rien de plus pur que le sentiment qui nous unit? Devez-vous en rougir ?

— Ne dites pas cela, Edgard ; vous ne le diriez pas devant ma mère, et je ne suis pas encore une créature assez dégradée que vous deviez supposer éteint chez moi jusqu'au sentiment de ma faute. Laissez-moi du moins la pleurer, puisque vous ne me parlez plus de la seule réparation qui pouvait m'être donnée.

— Ah! Geneviève, me croiriez-vous déjà parjure? Peut-être mon air préoccupé, le chagrin que me cause une lettre de mon père, ont éveillé vos soupçons, mais bien à tort.

— Une lettre de votre père!... Et que dit-elle? Je tremble...

— Ne craignez rien. Il est vrai qu'à l'approche des vacances il me témoigne le désir de me voir, qu'il m'invite à partir...

— Partir! ah! voilà donc déjà la fin! Et vous m'abandonnerez, Edgard!...

— Mais, Geneviève, qui parle de vous abandonner?

— Pardon! mais depuis que je ne suis plus innocente, mon pauvre cœur est toujours serré d'une angoisse mortelle; j'ai peur!... J'ai peur de tout, peur surtout de vous perdre. Edgard, vous ne partirez donc pas?

— Il faudra bien que je cède à la volonté de mon père; mais je reviendrai, Geneviève, je reviendrai dans peu, et pour ne plus vous quitter.

—Vous reviendrez!... oui, sans doute, si jamais vous m'avez aimée, s'il y a chez vous quelque sentiment d'honneur, d'humanité; si vous n'avez pas un cœur

gâté et méchant, vous reviendrez...
Mais si vous êtes comme beaucoup de jeunes gens, vous me trahirez, vous m'oublierez, vous ne reviendrez pas...

— Moi! Geneviève..., je serais assez misérable!...

Et Edgard ne put achever, tant les sanglots étouffaient sa voix.

— Moi te trahir, Geneviève! reprit-il enfin; une créature si bonne, si belle! un ange de vertu! Que pourrais-je donc vouloir de plus dans celle qui doit être la compagne de ma vie !

— Mais songez-vous que je ne suis qu'une pauvre orpheline, une ouvrière? Dans ce monde brillant pour lequel vous êtes fait, vous rougiriez de moi, sans doute, Edgard.

— Ah! ne me prête pas d'aussi indignes sentiments. Et à qui ne pourrais-je, ma Geneviève, te montrer avec orgueil?

— Edgard, vous me rendez la vie... Mais c'est bien vrai ce que vous dites-là?

Etes-vous bien sûr de vous? Si votre père, qui ne me connaît pas, allait exiger...

— Non, rien au monde ne pourra jamais prévaloir sur mon amour pour toi. Mais, Geneviève, je te dois un gage de ma foi; tiens, prends ce médaillon : c'est le portrait de ton Edgard. Garde-le sur ton cœur, au moins jusqu'à mon retour; il te répondra de moi.

— Il ne me quittera plus qu'avec la vie, dit Geneviève, saisissant ce médaillon d'une main tremblante et le regardant avec amour ; puis, après l'avoir couvert de baisers, elle finit par le cacher dans son sein.

Cependant la nuit était venue ; il avait fallu quitter les Tuileries, et Geneviève, languissamment appuyée sur le bras d'Edgard, remontait vers la rue de Seine. Enfin Geneviève s'arracha la première à un dernier embrassement.

— Adieu, dit-elle en détournant la

tête pour cacher ses larmes, Edgard, vous reviendrez?

Ce fut le dernier mot qu'elle jeta à son amant d'une voix tremblante.

Le lendemain, dès quatre heures du matin, Edgard partait pour Dijon; il s'en allait à cent lieues de Paris, où Geneviève restait avec son amour, le sentiment de sa faute et une mortelle inquiétude dans l'âme.

CHAPITRE QUATRIÈME.

IV

C'est un usage assez général en province qu'à peine mariés, les jeunes époux se dérobent aux regards indiscrets et aux fêtes bruyantes pour venir à Paris, dans le tête-à-tête, jouir du charme de leurs premières impressions.

En vertu de cet usage, qui fait encore loi dans beaucoup de départements, un jeune homme, une jeune femme, par une belle matinée du mois de juin dernier, descendaient de cabriolet à la grille du Jardin des Plantes. Après une promenade dans les allées du jardin, ils sortirent et gagnèrent les bords de la Seine.

De là ils dirigèrent leurs pas vers la Salpêtrière, immense hôpital qui étonne les regards par le gigantesque de ses proportions, et qui surtout afflige l'âme par la pensée que là, plus de deux mille infortunées éprouvent le comble des misères humaines, la dégradation de la stupidité ou de la folie.

La folie, est, dans la pensée de beaucoup d'hommes, un spectacle à aller voir, un divertissement à prendre, comme si les infirmités morales de l'homme pouvaient être un objet d'amusement!

C'était cependant conduit par un instinct de curiosité que le jeune couple étranger s'acheminait vers l'hôpital de la Salpêtrière. Un autre motif y appelait d'ailleurs le jeune homme : le désir de revoir un ancien camarade d'études qu'il avait quitté depuis près d'un an, et qui était attaché comme médecin au service de santé de cet établissement.

Les portes s'ouvrirent facilement pour eux. Le jeune homme revit avec joie son ami, et tous deux s'entretinrent longtemps et avec expansion des souvenirs du temps de leurs études.

Conduits par le jeune médecin, ils commencèrent à visiter les diverses parties de cet immense édifice; mais Lucie, c'était le nom de la jeune femme, ne put longtemps supporter le spectacle de cette effroyable variété de misères; elle s'éloigna au plus vite des cabanons où des folles furieuses exhalent, à travers les barreaux qu'elles ébranlent, leurs colères trop souvent motivées par d'indignes tromperies de la part de la société ou de la fortune. Parvenue dans les cours où se promenaient des femmes d'un extérieur tantôt composé et décent, tantôt prétentieux et grotesque jusqu'à provoquer involontairement le rire, elle s'y arrêta quelque temps.

Une folle surtout attira son attention : c'était une femme de quarante ans environs, d'une taille droite et élevée; d'une figure qui avait été belle. Par une singularité remarquable, ses longs cheveux, qu'elle laissait épars autour de son visage, et qui retombaient sur ses épaules, étaient blancs comme dans la plus extrême vieillesse. On attribuait cette circonstance à un violent chagrin qui l'aurait frappée tout à coup, et aurait ainsi fait blanchir sa chevelure en quelques heures. Tout l'extérieur de cette femme portait une empreinte indéfinissable de tristesse; elle se tenait toujours seule, et portait en signe de deuil, suivant l'usage de certaines contrées du nord de la France, une grande pièce d'étoffe noire sur la tête.

Lucie, que l'étrange mélancolie de cette femme intéressait, questionna la surveillante sur les malheurs qui avaient pu troubler sa raison.

— Cette fille, répondit-elle, n'est dans cet hospice que depuis six mois; elle a perdu la raison à la suite de la mort d'un enfant qu'elle aimait beaucoup. Du reste, nous ignorons tous ici les particularités du malheur qu'elle a éprouvé.

Nous remarquons seulement que la vue d'un homme, d'un jeune homme surtout, produit sur elle une impression pénible qui va presque jusqu'à l'horreur. Au contraire, elle semble éprouver pour les jeunes filles ou jeunes femmes qu'elle voit une sympathie toute particulière, et elle la manifeste par des gestes expressifs.

En effet, Lucie venait de faire cette remarque pour elle-même; la folle, en passant près d'elle, l'avait considérée fort attentivement et avec un air d'intérêt. Cette circonstance acheva de piquer la curiosité de Lucie ; elle désirait pénétrer le mystère de la douleur de cette pauvre femme : elle témoigna ce désir à son mari, au bras duquel elle était en ce moment. Il y accéda en souriant, et ils s'approchèrent de la folle.

CHAPITRE CINQUIÈME.

V

Aux premiers mots de politesse que Lucie adressa à la folle en l'abordant, celle-ci tressaillit, releva son voile noir en silence, contempla longtemps la jeune femme, et il y avait dans son air quelque chose de si tristement solennel, que les témoins de cette scène réprimèrent vite un sourire qui leur était d'abord venu sur les lèvres. Elle prit la main de Lucie, poussa un profond soupir, puis, se tournant vers le jeune homme :

— Quel est cet homme ? dit-elle d'une voix sombre, et en attachant sur lui son grand œil glacé ; quel est cet homme, jeune fille ?

— Mais c'est mon mari, lui répondit la jeune femme.

— Votre mari! lui! impossible! Oh! on a trompé beaucoup de jeunes filles; mais vous, on ne vous trompera pas. J'ai une mission du ciel à remplir près de vous. Suivez-moi, jeune fille, et venez ouïr d'étranges choses.

Et, en prononçant ces mots, elle saisit le bras de Lucie, et d'un air impérieux elle fit de la main un geste au jeune homme pour qu'il s'éloignât.

Lucie n'était pas rassurée, et son mari, frappé de l'air singulier de cette folle, ne voulait pas laisser sa femme seule. Il fallut, pour dissiper leur inquiétude, les assurances réitérées du jeune médecin qu'elle était au nombre des plus inoffensives, et qu'elle ne pouvait qu'intéresser par ses récits la jeune femme. D'ailleurs, une surveillante devait rester près d'elle, et eux-mêmes ne les perdraient pas de vue. Alors Lucie se laissa conduire par la folle, qui la mena sur un banc de pierre, l'y fit asseoir, se plaça à son côté, et, la regardant d'un air mélancolique et comme plein d'une tendre sollicitude, elle entra en conversation avec elle.

Cependant la folle captivait fortement l'attention de la jeune femme. Une violente émotion paraissait l'agiter; ses traits pâles avaient retrouvé des couleurs; il y avait dans tout son air quelque chose qui sentait l'inspiration. S'adressant à Lucie, lorsqu'elles furent assises l'une près de l'autre :

— Écoutez-moi bien, jeune fille, lui dit-elle, parce que j'ai payé la science du malheur avec mon sang, et que toutes mes paroles passent à travers un tombeau. Ecoutez-moi.

C'est Lucie qu'il vous a nommée, lui; Lucie, ce que nul n'entendra jamais de ma bouche, vous l'entendrez, vous, parce que je vous aime, parce que je veux déjouer les mauvais desseins que les méchants ont sur vous.

Mais d'abord ces hommes qui sont là-bas ne vous ont-ils pas dit de moi : « Elle est folle ? »

Lucie hésitait à répondre.

— Ils vous l'ont dit, j'en suis sûre ; ils le disent à tout le monde. Eh bien! Lucie, apprenez un secret. Je ne suis pas folle, moi, qu'ils ont jetée dans cette prison, et dont ils ne parlent qu'avec dédain ; mais eux, ces hommes qui sont libres, considérés, qui se disent gens d'honneur, ce sont des méchants, des assassins !

— Ah! dit Lucie, l'un d'eux est mon mari, madame ; il ne vous a jamais fait de mal, et vous ne le connaissez pas.

— Votre mari! lui! non, non! cela n'est pas vrai. Sa fiancée est dans le cercueil! je l'y ai vue mettre... Ah! je ne le connais pas!... Et l'assassin, où donc est-il?... Jeune fille, vous l'avez voulu, je vous dirai tout ; mais vos cheveux se dresseront sur votre tête. Écoutez donc... J'avais une fille, moi...; mais une fille que j'adorais, belle comme vous, Lucie..., plus belle encore, admirable avec ses longs cheveux noirs que j'ai tant de fois caressés dans son enfance, et son col d'albâtre que je rougissais de mes baisers, ses grands yeux d'un bleu d'azur qui me disaient tant de choses, et sa voix si douce, la voix d'un ange. Oh! j'étais fière de ma Geneviève! j'étais heureuse!... Heureuse, oui, bien heureuse, et cependant les fleurs de ma couronne de noces n'étaient pas encore fanées que déjà j'étais veuve; et cependant je n'avais point de famille pour me consoler, point d'amis, car j'étais pauvre... Non, je n'étais pas pauvre : j'avais ma fille, ma Geneviève, mon trésor; son âme était si pure, si douce, son cœur si aimant! Oh! je ne vous avais pas encore parlé de son cœur!... Lucie, vous avez encore votre mère?... Répondez-moi donc...

— Oui, Madame.

— Ah! sans doute, il y a des mères heureuses, des mères dont on n'a pas assassiné les filles... Eh bien! demandez-lui comment aime une mère, comment s'appelle ce qu'une femme ressent pour l'enfant qu'elle a mis au monde... Et si cet enfant est, créature céleste, la seule consolation, le seul bien, le seul amour d'une pauvre veuve, oh! demandez-lui comment cela s'appelle, elle vous le dira, et vous ne soupçonnerez pas encore comment j'aimais ma fille.

Eh bien! il y eut une nuit fatale, nuit affreuse, dans la cour d'un hôtel de messageries, où je dis à cet ange : « Adieu! » et ce fut le dernier mot qu'elle entendit de ma bouche, où elle me dit : « Ma mère! » et ce fut la dernière fois que je m'entendis appeler ainsi...

Les sanglots étouffaient sa voix. Lucie elle-même était tout en larmes.

— Oui, pleurez, jeune fille, pleurez, car c'est une horrible histoire. Et moi, j'étais tranquille, confiante en la Providence, résignée à l'absence de ma fille, parce que je croyais que son bonheur à venir le voulait.

Je recevais souvent des lettres de ma fille ; chaque fois j'avais du bonheur pour une semaine. Quelquefois aussi c'était un peu d'argent qu'elle m'envoyait malgré moi, car pour le gagner elle passait des nuits à travailler, j'en suis sûre, ma pauvre enfant !... Et voilà que tout à coup..., c'était au mois de novembre, peu de jours après la fête des Morts..., je ne l'oublierai jamais ce jour-là !... J'étais allée pleurer sur la tombe élevée par moi à la mémoire de mon mari...; j'avais bien pleuré aussi en pensant à Geneviève... Voilà qu'une lettre de Paris m'arrive; ce n'était pas l'écriture de Geneviève. Je tremble..., j'ouvre, et c'est sa maîtresse qui m'annonce que ma fille est malade, bien malade. Ce que j'ai fait ce soir là, le lendemain, ne me le demandez pas, je n'en

ai jamais rien su; mais je me rappelle
que j'étais dans une voiture publique
qui allait avec une mortelle lenteur, et
que je souffrais horriblement. Dieu!
quelle route! quelle nuit avant d'arriver
à Paris! Le ciel était affreux à voir; la
lune avait des taches rouges couleur de
sang. Il y avait des fantômes partout,
et dans l'ombre des lettres de feu, des
caractères sinistres; je les vois encore.
Ma tête n'y tenait plus. J'arrive, je cours
au logement de ma fille, je demande

Geneviève...; on ne me comprend pas, on ne me répond pas. Je ne vois que des gens effarés, pétrifiés. Je monte, je monte bien haut. Une petite chambre était ouverte, j'y entre. C'était bien là, et sur une chaise je reconnus la robe même qu'elle portait quand elle me quitta, une robe que je lui avais faite de mes mains. Personne! sa chambre est vide, so... vide... cependant elle y a passé la nuit, son oreiller est encore humide de ses larmes. « Ma fille! Geneviève ! c'est moi, ta mère ! » J'emplis la maison de mes cris, rien ne me répond. Une sueur froide coulait de tous mes membres... Alors je cours éperdue, je demande ma fille à tous ceux que je rencontre ; et il y avait des groupes de peuple qui me regardaient passer avec indifférence, et d'autres qui se moquaient de moi comme d'une folle. Tout à coup je me trouvai sur les bords de la Seine. Il y avait là des mariniers, je m'adresse à eux ; je les conjure de me dire où est

Geneviève, s'ils n'ont pas vu Geneviève.

— Geneviève, vous dites ? N'est-ce pas une grande belle fille ? répond l'un d'eux.

— Oui, dix-huit ans, des yeux bleus, des cheveux noirs...

— C'est cela ; de longs et beaux cheveux noirs, ma foi ! Ils pendaient jusqu'à terre.

— Eh bien ! vous l'avez-vue ?...

Il allait parler ; une femme du peuple s'avance vers lui, et, avec un geste me-

naçant, lui met la main sur la bouche.
Mais je l'entendis quand elle lui murmura à l'oreille ces mots :

— Tais-toi donc, malheureux! ne vois-tu pas que c'est la mère de cette pauvre fille qu'on vient de retirer de l'eau?

Je ne poussai qu'un cri, mais un cri effroyable, et je tombai sur le pavé comme foudroyée.

Quand je reprends mes sens, la foule est là qui m'entoure... Je redemande ma fille, et tous gardent le silence. La douleur me donne des forces, je me débarrasse des mains qui veulent me retenir... Et voilà que j'aperçois une porte sombre par où beaucoup de personnes entrent et sortent, comme des gens qui vont à un spectacle ou qui en viennent. Moi, j'entre aussi, et que vois-je?...Un vitrage, derrière ce vitrage des dalles de pierre; contre les murs, des vêtements, de l'eau, de la boue, du sang; et sur les dalles de pierre des cadavres, et sur la pierre la plus proche de moi le corps tout nu d'une jeune fille qu'on venait d'y déposer... Horreur!... horreur!... c'était ma fille!...

Elle prononça ce dernier mot d'une voix déchirante; sa tête retomba sur sa poitrine, et elle sanglota à faire craindre que son cœur ne se brisât par l'effort de sa douleur.

Enfin, relevant lentement sa tête, et son visage pâle comme la mort:

— Et il s'est trouvé, dit-elle, sous la

figure humaine, des monstres capables d'assassiner ainsi une fille et sa mère! Oui, ils l'ont tuée, et moi, j'en meurs tous les jours.... Il n'y a donc plus de justice ni sur la terre ni dans le ciel!

Après quelques instants de silence:

— Oh! c'est un affreux mystère! Oui, parfois ma raison s'y perd... Ma pauvre Geneviève, ma belle enfant, blanche comme un beau lys, admirée, adorée de tous ceux qui la connaissaient, à dix-huit ans, pourquoi a-t-elle voulu mourir?... Pourquoi?...

Puis, se tournant vers Lucie d'un air égaré :

—Vous me demandez pourquoi, jeune fille ; vous le saurez : parce que ma Geneviève, voyez-vous, quand elle était sortie de mes mains, c'était le modèle des vierges, c'était un ange de pureté et de candeur.... Et voilà qu'un infâme s'est insinué près d'elle, a abusé de son innocence, violenté sa faiblesse, lui a ravi l'honneur! Il lui avait dit qu'il l'aimait, qu'il réparerait sa faute, qu'elle serait sa compagne. Il part... il avait promis à Geneviève de revenir, il ne revint pas. Ma pauvre enfant, elle l'attendait chaque jour; elle consumait ses beaux yeux à pleurer, et souvent ses nuits se passaient dans un délire affreux. Un jour elle reçoit une lettre; c'était de lui. Mais s'il lui écrit, c'est pour lui dire froidement, le misérable! que tout est fini entre eux, que son père ne veut pas qu'il revienne à Paris, et que jamais il ne l'épousera... Il en avait menti, j'en suis sûre ; son père ne lui avait pas dit qu'il fallait tuer ma fille..... Ah ! Geneviève ! fallait-il ainsi désespérer du cœur de ta mère !

En achevant ce récit, elle se tordait les mains et attachait au ciel ses yeux qui n'avaient plus de larmes.

Peu à peu ses traits se ranimèrent, une rougeur pourpre lui monta au visage, son regard étincela d'une manière effrayante. Elle se leva brusquement, et, se plaçant devant Lucie :

— Jeune fille, dit-elle, pourquoi as-tu voulu connaître cette épouvantable histoire? Tu ne voudrais point, toi aussi, te rire du malheur de ma fille et du mien!... Non, tu n'en riras pas.... Il me vient une idée. C'est assez de larmes et de sanglots; il me faut du plaisir, à mon tour, il me faut de la vengeance!... Jeune fille, tu m'aideras. Écoute bien : le séducteur de Geneviève viendra à toi, tu es jeune et belle : il lui faut des femmes jeunes et belles. Tu le reconnaîtras : il doit avoir un œil de tigre, et son nom, c'est Edgard. A la bonne heure! tu frémis à ce nom. Tu as raison, c'est un assassin. Il te dira qu'il t'aime, qu'il t'aimera toujours; il te le jurera même. Laisse-le dire; accepte ses hommages, ses serments; anime sa passion, laisse-le s'élancer dans son amour, et puis, quand tu le tiendras bien, quand il ne pourra plus t'échapper, oh! alors, dis-lui que tu le hais, qu'il te fait horreur, abreuve-le de ton mépris, foule-le sous tes pieds, tenaille son cœur sans pitié : en a-t-il eu pour ma fille ? Tue-le lentement comme il me fait mourir tous les jours ; et quand il te demandera la cause de ces fureurs, de cet impitoyable acharnement à le torturer, quand il te criera grâce ! tiens, voilà pour le confondre et lui faire verser des larmes de sang.

Et, en disant cela, elle tirait de son

sein un médaillon attaché avec une chaîne en cheveux.

Lucie n'eut pas plutôt jeté un regard sur le portrait qu'il renfermait, qu'elle tressaillit et poussa un cri d'effroi.

— Ah! tu le reconnais! Tant mieux, alors, jeune fille, car tu ne me vengeras que mieux du cruel.... Ce médaillon, ma Geneviève l'a porté jusqu'à son dernier soupir; elle le tenait encore contre son cœur, de sa main roidie par le roid de la mort. Cette chaîne, c'est elle qui l'a tressée, vois; ce sont ses beaux cheveux noirs. Oh! cette chaîne, c'est mon seul bien, tout mon bonheur, tout ce qui me reste de mon enfant bien-aimé; c'est là-dessus que, chaque chaque jour, je répands mes larmes. Que je la baise encore une fois, cette chère et précieuse relique!... Eh bien! j'en fais aussi le sacrifice, je te la donne avec ce médaillon. Mais n'oublie pas ce que je vais te dire : quand ce misérable sera à tes pieds, suppliant, et feignant d'ignorer comment il a mérité ses tortures, alors souviens-toi de Geneviève trahie, déshonorée, abandonnée par lui, souviens-toi de sa pauvre mère, et, pour la bien venger d'un seul coup, fais comme moi, jette-lui à la tête ce médaillon, en lui criant : Vengeance et malédiction !

Et en disant cela, la pauvre folle jetait la chaîne au cou de Lucie stupéfaite; puis elle s'approchait d'elle en poussant des éclats de rire frénétiques. La voûte retentissait de ses cris ; un accès de délire s'était emparé de la malheureuse femme. Alors des gardiens vinrent la saisir et l'entraînèrent.

Cependant le mari de Lucie avait remarqué l'agitation extraordinaire de la folle vers la fin de la scène; il avait cru voir l'effroi de sa jeune femme, il accourait tout alarmé. En effet, Lucie était toute tremblante, pâle comme une morte.

— Qu'avez-vous, chère Lucie, que vous a fait cette femme?

— Rien, monsieur.

— Mais que tenez-vous là?

— Un douloureux et funeste présent!

Et en disant cela, elle présentait le médaillon au jeune homme, en attachant sur lui ses yeux tout pleins d'une douleur inexprimable.

Edgard fit un mouvement de surprise, pâlit et baissa la tête, comme anéanti sous le poids du remords.

Lucie joignit convulsivement ses mains et se détourna pour pleurer, avec un tel air de tristesse qu'on eût dit qu'elle avait l'âme transpercée et que c'en était fait pour elle du bonheur de sa vie.

— Mais enfin, dit le jeune époux qui cherchait à se raffermir, ce médaillon, cette chaîne, qu'est-ce que cela signifie? Deviez-vous accepter de tels objets des mains d'une insensée?

— Cette insensée, monsieur, c'est la malheureuse mère d'une fille séduite, abandonnée par un perfide, un traître, et poussée indignement au suicide... Quant à ces objets, s'ils vous sont pénibles à voir, c'est à vous de les rendre à la pauvre folle ! dit-elle en élevant la voix, c'est un cadeau que vous fait par mes mains la mère de votre victime, celle de l'infortunée Geneviève.

Edgard, effrayé, voulut se jeter dans les bras de sa jeune femme comme pour implorer son indulgence. Mais Lucie se recula vivement après l'avoir repoussé avec colère et mépris en lui disant :

— Arrière, malheureux ! et avant de mériter mon pardon, sachez me faire oublier votre crime.

FIN.

EN VENTE

LE ROI DES GUEUX
par PAUL FÉVAL, auteur de le Bossu, la Louve, l'Homme de Fer, etc., etc.

MADEMOISELLE DE LA RIGOLBOCHE
par MAXIMILIEN PERRIN, aut. de les Coureurs d'Amourettes, l'Ami de ma Femme, les Folies de Jeunesse, la Fille du Gondolier, etc.

LE CORDONNIER DE LA RUE DE LA LUNE
par THÉODORE ANNE, auteur de la Reine et Paris, le Masque d'Acier, la Folle de Savenay.

DANIEL LE LABOUREUR
par CLÉMENCE ROBERT, auteur de Nena-Sahib, la Tour Saint Jacques, les Anges de Paris, les Deux Sœurs de Charité, etc.

MORTE ET VIVANTE
par HENRY DE KOCK, auteur du Médecin des Voleurs, les Femmes Honnêtes, Brin d'Amour, etc., etc.

LA JEUNESSE DU ROI HENRI
par le Vicomte PONSON DU TERRAIL, auteur de la Dame au Gant Noir, le Diamant du Commandeur, les Drames de Paris, etc.

LES GRANDS DANSEURS DU ROI
par CHARLES RABOU, auteur du Cabinet Noir, l'Allée des Veuves, le Capitaine Lambert, etc.

Paris. — Imprimerie de P.-A. BOURDIER et Cⁱᵉ, rue Mazarine, 30.

www.ingramcontent.com/pod-product-compliance
Lightning Source LLC
Chambersburg PA
CBHW060331170426
43202CB00014B/2741